THE BOOKSPOT PUBLICATION HOUSE

Presents

# जिंदगी के रंग

पायल पोखरना कोठारी

Bookspot publishers
PUBLICATIONS HOUSE

**Published by:**

The Bookspot Publication House

**Address:**

1st Floor, Above SBI Branch, Iskim Bazar, Tausar, Nagaur, Rajasthan – 341001

**Contact:**

9784010049

**Email:**

thebookspotpublishers@gmail.com

**Website:**

www.thebookspotpublicationhouse.com

राजस्थान साहित्य अकादमी,

उदयपुर के आर्थिक सहयोग से प्रकाशित

1st Floor, Above SBI Branch,

Iskim Bazar, Tausar, Nagaur, Rajasthan – 341001
(+919784010049 )

द्वारा प्रकाशित

प्रथम संस्करण : 2023
BOOKSPOT PUBLISHERS **द्वारा** मुद्रित
नागौर , राजस्थान

आवरण : RAJ Price :- 149 रू

---

जिंदगी के रंग - BY पायल पोखरना कोठारी
Published By: BOOKSPOT PUBLISHERS द्वारा
मुद्रित
नागौर , राजस्थान

**Printed in India**

# DISCLAIMER

# अनुक्रमणिका

# भूमिका

जिंदगी अपने कई रंगों व भावों से हमें भिन्न - भिन्न स्वरुपों के दर्शन करवाती रहती है और जिंदगी जीने का सच्चा और अच्छा तरीका भी यही है कि हम जिंदगी के उन रंगों में अपने आपको रंगते चले जाएं। सुख - दुःख, लाभ - हानि, अपने - पराये जैसे अनेक रंगों से ही तो जिंदगी के केनवास पर हमारी एक खूबसूरत तस्वीर उभरती है।

"पायल पोखरना कोठारी" का यह कहानी संग्रह पाठकों को निश्चय ही सभी रंगों की अनुभूति करवाने का सामर्थ्य रखता है। इन कहानियों में पायल ने जिन्दगी को बहुत सुंदरता के साथ उकेरा है।

मेरा विश्वास है कि पायल का यह कहानी संग्रह पाठकों के हृदय के सबसे अंतिम भाव तक पहुँच कर उन्हें झंकृत करेगा।

आकाशभर शुभकामनाओं के साथ....

भरत त्रिपाठी

राष्ट्रीय कवि, साहित्यकार

# आमुख

आज सोशल मीडिया के इस दौर में और जीवन की बढ़ती आपा-धापी में क्या पुस्तकें हमारे जीवन से दूर होती जा रही हैं? आज इंटरनेट के क्रांति युग में जब एक सामान्य व्यक्ति भी दुनिया की सभी जानकारियाँ एक बटन दबा कर प्राप्त कर लेता है, ऐसे समय में पुस्तकें स्वयं को किस स्थान पर खड़ा पाती हैं? यह एक यक्ष प्रश्न है। किन्तु आज भी पाठकों का एक बहुत बड़ा वर्ग है जिसका मैं भी एक हिस्सा हूँ जिसे पुस्तक हाथ में लेकर पढ़ने पर ही तृप्ति का एहसास होता है, इसलिए मेरा मानना यह है कि पुस्तकों को समाज में अपना स्थान बनाए रखने के लिए अधिक संघर्ष की आवश्यकता नहीं है क्योंकि आप और मेरे जैसे करोड़ों पाठक आज भी पुस्तकों को अपनी दिनचर्या का एक अहम हिस्सा बनाए हुए है

मेरा रचना संसार अभी अपनी शैशवावस्था में है। रचनाकारों के इस वृहद और समृद्ध उपवन में मैं अपना प्रथम पुष्प “जिंदगी के रंग” समर्पित कर रही हूँ। किसी भी लेखक को अपनी रचनाओं का स्कैच इस समाज से ही प्राप्त होता है और वह लेखक उस स्कैच में अपने अनुभवों, सृजन और कल्पनाशीलता के रंग भरकर पुनः समाज को लौटा देता है।

मेरे इस प्रथम कहानी संग्रह की छः कहानियाँ मनुष्य के जीवन के कई रंग प्रस्तुत करती हैं और यह मेरा दृढ़ विश्वास है कि ये कहानियाँ पाठकों के हृदय तक पहुँचकर उन्हें प्रभावित कर नई दिशा देने का प्रयत्न करेगी।

जिन्दगी एक बहुत ही खूबसूरत एहसास है। यह हमें हर पल अपना अलग-अलग रूप दिखाती है। कभी खुशी, कभी दुःख, कही दर्द तो कही उल्लास, खुशियाँ भी मनाती है तो दुःख भी दूर करती है, अपनो से भी मिलाती है तो अपनो से दूर भी करती हैं। यह जिन्दगी है साहब! यह हर पल में एक नई चुनौती लाती है।

कहने को तो जिन्दगी बहुत छोटी है लेकिन अगर इसे सही तरीके से जिया जाए तो इसके एक-एक लम्हें में सदियाँ बीत जाती है। "जिन्दगी के रंग" यह पुस्तक जिंदगी के हर एक पहलू को बारीकी से समझने का प्रयास है। अपनी प्रथम आहुति आपके हृदय के हवनकुंड में समर्पित कर प्रसन्न व उल्लासित हूँ। आपकी प्रतिक्रिया व समलोचनाएं मेरे नवपंखों को आकाश प्रदान करेगी।

आभार।

# आँगन की खुशी

बारिश का मौसम था और इंद्र देवता ख़ुशी से धरती पर प्रेमवर्षा बरसा रहे थे। बारिश में बिजली और बादल की आवाज़ के बीच में एक छोटी सी कुटिया में से किसी के कराहने की आवाज़ आ रही थी। उस कुटिया में रज्जो प्रसव पीड़ा से तड़प रही थी। रज्जो के पति कान्हा के अलावा वहाँ कोई नही था जो उसको संभाल सके। बारिश भी इतनी तेज हो रही है कि आस पास के घर से किसी को बुला भी नही सकते।

रज्जो - सुनो जी! अब मेरा क्या होगा? ना तो हमारे पास कोई है ना ही हम किसी को बुला सकते हैं। गाँव वाली दाई माँ भी बाहर गई हुई हैं।

कान्हा - सब्र रखो, मैं कुछ सोचता हूँ।

रज्जो - जो भी करना हो थोड़ा जल्दी करो।

कान्हा - तुम फ़िक्र मत करो। मैं अभी गाँव जा कर डाक्टर साहब को ले कर आता हूँ, तब तक तुम अपना ध्यान रखना।

रज्जो - बाहर इतनी बारिश हो रही है सामने कुछ दिख तक नही रहा है आप कैसे जाओगे?

कान्हा - अब जो भी हो डाक्टर साहब को लेने के लिए मुझे जाना तो पड़ेगा ही।

रज्जो - लेक़िन...(दर्द से कराहते हुए)

कान्हा - बस मैं यूँ गया और यूँ आया।

बहुत समय बीत जाने के बाद रज्जो भगवान को याद करते हुए मन ही मन ख़ुद से बात कर रही - हाय राम! ये कहाँ रह गए? कबसे गए है डाक्टर को लेने अभी तक नहीं आए, मेरी तो पीड़ा से जान निकली जा रही है। हाय...। तभी अचानक उसे अपनी तरफ़ बढ़ते पैरों की आवाज़ सुन थोड़ा सुकून मिला। कान्हा डाक्टर को ले कर कुटिया में आ गया।

रज्जो - अजी कहाँ रह गए थे? मैं कबसे आपकी बाट जो रही थी।

कान्हा - रज्जो! तुम फ़िक्र मत करो, मैं डाक्टर साहब को ले आया हूँ। अब सब ठीक हो जाएगा।

रज्जो - डाक्टर साहब! अब मुझसे सहन नही हो रहा है, ऐसे तो मेरी जान निकल जाएगी। अगर मुझे कुछ हो जाए तो आप मेरे बच्चे को बचा लेना आपका बहुत अहसान होगा।

कान्हा - तुम भी कैसी बात करती हो। तुम्हें और हमारे बच्चे को कुछ नही होगा।

बातचीत करते-करते रज्जो का दर्द और बढ़ रहा था। डाक्टर साहब ने कान्हा को बाहर जाने को कहा।

रज्जो - नहीं डाक्टर साहब! आप इन्हें यही रहने दीजिए।

बारिश तो रुकने का नाम ही नही ले रही ऐसा लग रहा है जैसे वो किसी का स्वागत करने के लिए आतुर हो।

रज्जो के कराहने की आवाज़ के बीच अचानक से किसी बच्चे के रोने की आवाज़ आई। उस रोते हुए बच्चे की आवाज़ ने रज्जो का हर दर्द मिटा

दिया और बच्चे की आवाज़ सुन बारिश भी रुक गई। शायद उसी बच्चे का स्वागत करना था इंद्रदेव को।

डाक्टर साहब - जी बधाई हो! "बेटी हुई है।"

कान्हा - आपका बहुत-बहुत धन्यवाद! जो आप इतनी बारिश में भी हमारी सहायता करने आए। हम आपके आभारी रहेंगे।

डाक्टर साहब - कैसी बात कर रहे हो। मैंने आप पर कोई अहसान नही किया है, यह तो मेरा फ़र्ज़ है। अच्छा तो अभी मैं चलता हूँ। आप रज्जो का और आपकी बिटिया का ध्यान रखना।

रज्जो - अजी! देखो ना, अपनी बेटी कितनी सुन्दर है।

कान्हा - हाँ! रज्जो, आज तुमने मुझे अब तक का सबसे खूबसूरत तोहफ़ा दिया है। तुम्हारा बहुत-बहुत शुक्रिया। इसकी आँखें तो देखो बिल्कुल तुम्हारी तरह है और नाक मुझ पर गई है। रज्जो, आज मैं बहुत खुश हूँ। हमारे घर लक्ष्मी आई है। बेटी हुई है।

***********

रज्जो और कान्हा की तो खुशी का ठिकाना ही नही। कान्हा हाथ में लड्डू लिए पूरे गाँव मे नाच रहा है।

सुनो काकी सुनो चाचा लो लड्डू खाओ मेरे घर बेटी हुई है।

वह सबको लड्डू बाँटते बाँटते उस गाँव के एक सज्जन के वहाँ पहुँच गया। वैसे पैशे से तो वो बहुत बड़े अफ़सर है लेकिन उनके ख़यालात थोड़े छोटे थे, कान्हा शर्मा जी के वहाँ पहुँच तो गया लेकिन मन ही मन कहने लगा - हे भगवान! कहाँ आ गया

मैं? आज इतना खुश हूँ, अभी यह अपना मुँह खोलेंगे तो कुछ गलत ही निकलेगा। लेकिन अब क्या अब तो आ ही गया हूँ।

कान्हा - नमस्ते शर्मा जी! कैसे है आप?

शर्मा जी - मैं बिल्कुल स्वस्थ हूँ, तुम बताओ?

कान्हा - सब अच्छा है। लो, आप लड्डू खाओ।

शर्मा जी - क्यों भाई, आज किस ख़ुशी में लड्डू बाँटे जा रहे है?

कान्हा - (बहुत खुशी के साथ उछलते हुए) बेटी हुई है।

शर्मा जी - अच्छा...बेटी हुई है? (बिना मन के खुशी जताते हुए)

वैसे अगर तुम्हें बेटा होता तो ज्यादा अच्छा होता, ज्यादा खुशी होती। बेटी हुई है और तुम लड्डू बाँट रहे हो।

देख लेना कुछ महीनों में मेरे घर बेटा ही आएगा।

बेटा घर का चिराग होता है, वही घर का नाम रोशन करता है।

कान्हा - भगवान करे आपके यहाँ बेटा ही हो। लेकिन इसका मतलब ये कतई नही है कि बेटी होना जुल्म है, बेटियाँ कोई बोझ नही होती हैं।

शर्मा जी - हाँ,अब वो तो जैसी जिसकी सोच। भगवान को यही मंजूर। लेकिन तुम्हारे पास तो इतना है भी नहीं, तुम बेटी को कैसे पालोगे?

कान्हा - इसकी चिन्ता आप मत कीजिए शर्मा जी। भगवान ने बेटी दी है तो बड़ा भी वो ही करेंगे। अच्छा तो अब मैं चलता हूँ।

कान्हा विचारों के बवंडर से घिरा हुआ सोच रहा है।

(मैंने शर्मा जी के सामने कह तो दिया कि बेटी बोझ नही है, मैं उसकी परवरिश अच्छे से कर लूँगा। लेकिन उनकी बात भी सच है कि मेरे पास कुछ है नही फिर मैं कैसे अपनी लाड़ो को बड़ा करूँगा? उसकी पढ़ाई, उसके कपड़े, जैसे-जैसे बड़ी

होगी उसकी जरूरते भी बढ़ेगी। बाद में उसकी शादी का खर्चा और लड़के वाले दहेज मांगेंगे तो इतना पैसा मैं कहाँ से लाऊँगा?)

सोचते-सोचते कान्हा घर के अंदर आ गया।

रज्जो - बाँट आए सबको लड्डू?

लेकिन अभी भी कान्हा अपने ख़यालों में लीन...

तीन-चार बार आवाज़ लगाने के बाद धीरे से कान्हा को हिलाते हुए।

रज्जो - अजी! क्या हुआ? मैं कबसे आपको कुछ पूछ रही हूँ।

कान्हा - क्या?

रज्जो - बाँट आए सबको लड्डू? आप कुछ जवाब ही नही दे रहे। किस सोच में डुबे हो आप?

कान्हा – नहीं! कुछ नहीं। तुम कैसी हो? हमारी बिटिया कैसी है?

रज्जो - जी, हम दोनों बिल्कुल ठीक हैं। अब आप पहले यह बताओ कि आपको क्या हुआ है? जब यहाँ से गये थे तब तो फूले नही समा रहे थे और

आए तब से आपके चेहरे का रंग ही उड़ गया है। आखिर हुआ क्या हैं आपको?

कान्हा - रज्जो वो।

रज्जो - अब बता भी दो।

कान्हा - शर्मा जी ने कहा कि अच्छा...बेटी हुई है। वैसे अगर तुम्हें बेटा होता तो ज्यादा अच्छा होता, ज्यादा खुशी होती। बेटी हुई है और तुम लड्डू बाँट रहे हो। (शर्मा जी और उसकी बात का पूरा विवरण बताते हुए)

रज्जो - ओह हो। क्या आप भी?

आप कब से लोगों की बातों की परवाह करने लगे हो? आपको तो भगवान का आभार मानना चाहिए कि उन्होंने हमें इस क़ाबिल समझा कि हम एक बेटी की परवरिश कर सके।

कान्हा - तुम ठीक कह रही हो। हमारी बेटी एक दिन हमारा और गाँव का नाम रोशन करेगी। तब शर्मा जी के साथ-साथ पूरे गाँव को उस पर नाज़ होगा।

रज्जो और कान्हा की बातचीत के बीच वो नन्ही सी जान मुस्कुरा दी। जैसे उसे सब समझ आ रहा हो, और वो अपने बापू की बात की सहमति दे रही हो।

रज्जो - देखा! तुम्हारी बेटी को, अभी तो अच्छे से आँखें भी नहीं खुली और हमारी बातों पर मुस्कुरा रही है।

कान्हा - हाँ, हमारी बेटी है ही समझदार।

रज्जो – अच्छा-अच्छा ठीक है।

कान्हा - अब हमारी लाड़ो को कुछ नाम भी तो देना है, तो तुम बताओ तुमने क्या नाम सोचा है?

रज्जो - लेकिन...नाम तो बच्चे की भुआ रखती है ना? अजी! आपने दीदी को समाचार भिजवाए या नहीं?

कान्हा - रज्जो! तुम जानती तो हो ना कि दीदी यहाँ नहीं आ सकते वो बीमार है। लेकिन मैंने दीदी को बता दिया है कि वो भुआ बन गई है और घर मे प्यारी सी गुड़िया आई है।

रज्जो - अब और तो हमारे परिवार में कोई है ही नहीं।

कान्हा - कोई बात नहीं। हम दोनों मिल कर नाम रख देंगे। तो बताओ, तुमने क्या नाम सोचा है?

रज्जो - उम्म! कान्ता (थोड़ा विचार करते हुए )

कान्हा - नहीं! नहीं, यह नहीं। "प्रिया" कैसा रहेगा (बड़ी उत्सुकता से)

रज्जो - नहीं! कुछ दूसरा सोचो।

कितने नाम सोच लिए लेकिन दोनों को एक भी नाम पसंद नही आया। बाद में बहुत सोचने के बाद दोनों एक साथ बोले - "लक्ष्मी...लक्ष्मी नाम कैसा रहेगा?"

हाँ! यह नाम अच्छा है। दोनों ने एक-दूसरे की तरफ देखते हुए कहा।

कान्हा - आज से हमारी लाड़ो का नाम होगा लक्ष्मी।

अब बेटी का नामकरण तो हो गया लेकिन उसके साथ-साथ एक और व्यक्ति का नामकरण हुआ है"कान्हा" का। वो होता है ना बच्चा हो जाने के बाद भारतीय नारी अपने पति को अपने बच्चे के नाम से बुलाती है। तो रज्जो ने भी कान्हा को अब किसी और नाम से बुलाना शुरू कर दिया।
"लक्ष्मी के बापू"

***********

कान्हा – रज्जो! देखो, लक्ष्मी के साथ खेलते-खेलते चार माह कहाँ बीत गए पता ही नहीं चला। कितनी खूबसूरत हो गई है ना हमारी दुनिया, सब तरफ बस किलकारियाँ ही है।
रज्जो - सही कह रहे हो। वैसे किलकारियों से याद आया दाई माँ कल कह रही थी कि शर्मा जी के यहाँ भी अब कुछ ही दिनों में किलकारियाँ गूँजने वाली है।
कान्हा - होगा, मुझे उससे क्या? लेकिन भगवान करे उनके घर लड़का ही हो, अगर लड़की हुई तो पता नहीं वह उसे कैसे बड़ा करेंगे?
रज्जो - ऐसा क्यों कहते हो? ऐसा कुछ भी नहीं होगा। अपना-अपना बच्चा सबको प्यारा ही होता है, चाहे लड़का हो या लड़की।
कान्हा - छोड़ो! अच्छा...मैं अभी काम पर जा रहा हूँ तुम ध्यान रखना।

रज्जो - अच्छा सुनो...आते वक़्त कुछ सब्जी ला दोगे क्या?

कान्हा - ठीक है। अभी मैं जा रहा हूँ।

रज्जो - थोड़ा धनिया भी लाना रात को चटनी बनाऊँगी। (पीछे से आवाज़ लगाते हुए)

कान्हा अपने काम से लौटते पता नहीं किन विचारों में मशगूल था कि उसे याद ही नही रहा कि सब्जी लानी है। थोड़ा सा आगे जाने पर कान्हा को पीछे से किसी की आवाज़ सुनाई दी।

काका -अरे ओ कान्हा! कहाँ गुम हो? आजकल तो दिखते भी नहीं हो।

कान्हा - नमस्ते काका जी! मैं तो बस अपने काम से घर लौट रहा हूँ।

काका - और अपनी लक्ष्मी बिटिया कैसी है

कान्हा - सब ठीक है।

काका जी से बात करते-करते कान्हा को याद आया कि अरे मुझे तो सब्जी लेनी थी मैं तो भुल ही गया। अच्छा काका जी मैं चलता हूँ मुझे सब्जी भी लेनी है।

कान्हा सब्जी लेने मंडी पहुँचा तो संजोग से वहाँ पहले से शर्मा जी सब्जी ले रहे थे।

कान्हा - अरे भगवान! शर्मा जी यहाँ भी आ गए, अब इनके मुँह कौन लगेगा? (मन ही मन)

कान्हा - कैसे हो शर्मा जी? (बिना मन के पूछते हुए )

शर्मा जी - मैं ठीक हूँ। तुम कैसे हो?

कान्हा - भगवान की कृपा से सब कुशल है ।भाभी जी कैसे हैं?

शर्मा जी - सब बढ़िया है। अब तो कुछ ही दिनों में हमारे घर मे भी एक बच्चा खेलेगा। तुम देख लेना मेरे घर बेटा ही होगा।

कान्हा - हाँ जरूर! भगवान करे ऐसा ही हो। (परेशान हो कर)

शर्मा जी से विदा ले कर कान्हा सब्जी वाले से - भैया एक पाव लौकी, एक पाव भिंडी और एक किलो टमाटर दे दो।

सब्जी वाला - ये लो भैया आपकी सब्जी। अस्सी रुपये हुए है।

कान्हा - रुपये देते हुए,क्या भैया....थोड़ा धनिया तो दो सब्जी के साथ। हर बार कहना पड़ता है। (थोड़ा चिढ़ते हुए)

सब्जी वाला - ये लो आपका धनिया।

कान्हा सब्जी ले कर घर आया ही था कि रज्जो के सवाल कान्हा पर बरस पडे।

रज्जो - लक्ष्मी के बापू! आ गए आप? (रज्जो बड़े प्यार से )

कान्हा - नहीं! नहीं आया, अभी तो रास्ते मे चल रहा हूँ, यहाँ तो मेरा भूत खड़ा है। (गुस्से में)

रज्जो - क्या हुआ आपको? इतने उखड़े-उखड़े क्यों बात कर रहे हो?

कान्हा - कुछ नहीं, वो सब्जी लेने गया वहाँ शर्मा जी मिल गए। तो वही बेटी और बेटे का पुराण शुरू कर दिया।

अब तो उनकी बातों से मुझे चिढ़ना आता है।

रज्जो - अब छोड़ो भी। आप हाथ पैर धो लो मैंने आपका मनपसन्द खाना बनाया है।

कान्हा - अच्छा चलो! तुम बैठो,मैं अभी आया।

कान्हा - रज्जो! आज कितने दिनों बाद बड़े सुकून से खाना खाया है। वक़्त कितना बदल गया है ना, तुम भी व्यस्त रहने लग गई हो और मैं भी अपने काम से समय नही निकाल पा रहा हूँ। काफी दिन बीत गए है अगर तुम कहो तो हम लक्ष्मी को ले कर थोड़ा बाहर टहल आए। (खाना ख़त्म करने के बाद)

रज्जो - आपने तो मेरे मुँह की बात छीन ली। आप बस कुछ देर रुको। मैं फटाफट अपना काम निपटा लेती हूँ फिर चलते है।

कान्हा - ठीक है।

कान्हा और रज्जो अपनी लाडली को लिए गाँव मे सैर करने निकल गए। रात का समय, ठंडी-ठंडी पवन, अर्द्ध चंद्रमा, हवा तो मानो जैसे गुनगुना रही हो, एक दम शांत माहौल। टहलते-टहलते रज्जो को कहीं से दाई माँ आते नज़र आई ।

रज्जो - सुनो, दाई माँ! अभी रात को कहाँ से आ रही हो? सब खैरियत तो है ना?

दाई माँ - हाँ रज्जो! सब खैरियत है। अपनी लक्ष्मी बिटिया कैसी है? मैं तो शर्मा जी के घर से आ रही थी।

रज्जो - लक्ष्मी एकदम बढ़िया है।

कान्हा - शर्मा जी के घर से? सब ठीक है ना? (बीच में बात रोकते हुए)

दाई माँ - हाँ! हाँ!सब ठीक है, बल्कि सब बहुत बढ़िया है। शर्मा जी के घर नन्हा मेहमान आया है।

कान्हा - बेटा हुआ है या बेटी? (उत्सुकता से पूछते हुए)

दाई माँ - उनके घर "बेटी हुई है"। यह कह कर दाई माँ चली गई।

यह सुन कर कान्हा और रज्जो बहुत खुश हुए लेकिन एकाएक कान्हा थोड़ा शांत सा हो गया।

रज्जो - क्या हुआ लक्ष्मी के बापू? आप चुप क्यों हो गए?

कान्हा - रज्जो! तुम्हे पता है ना, शर्मा जी को बेटा चाहिए था।

रज्जो - हाँ! लेकिन उसमें क्या हो गया? बेटा हो या बेटी, है तो उन्हीं की संतान ना।

कान्हा - हाँ...(लम्बी सांस भरते हुए) चलो घर चलते है सुबह मिल आऊँगा शर्मा जी से। जो भी हो उनके घर नन्हा मेहमान आया है आखिर उनके घर "बेटी हुई है।"

***********

अगली सुबह कान्हा ने पूरी तैयारी के साथ जाने के लिए मन बना ही लिया। लेकिन पता नही क्यों उसके मन में बहुत सी उलझन थी, वो थोड़ा परेशान भी था।

कान्हा – अच्छा रज्जो सुनो तो...मेरा जाना ठीक रहेगा क्या? मुझे कुछ समझ नहीं आ रहा है। मुझे वहाँ देख शर्मा जी नाराज़ हो गए तो? मैं वहाँ जा कर क्या कहूँगा?

कान्हा के मन मे बहुत से सवाल उठ रहे थे।

रज्जो – ओह फोह। क्या लक्ष्मी के बापू! आप बिना बात इतना सोच रहे हैं। आप जाओ तो सही वहाँ जा कर आपको सब समझ आ जाएगा।

कान्हा – चलो तुम्हारी बातों से दिल को थोड़ी तसल्ली तो मिली, अभी मैं चलता हूँ।

कान्हा अपने ही ख़यालों में डूबा शर्मा जी की चोखट पर जा पहुँचा, लेकिन उसके हाथ काँप रहे थे दरवाज़ा कैसे खटखटाए? बड़ी हिम्मत कर उसने दरवाज़ा खटखटाया।

तभी अन्दर से गुस्से भरी एक आवाज़ आई – कौन है?

कान्हा – जी! शर्मा जी! मैं, कान्हा। ( कान्हा थोडा डरे हुए )

(दरवाज़ा खुलने की आवाज़ आई )

शर्मा जी – बोलो! क्या काम है? ( चिढ़ते हुए )

कान्हा – मैं तो बस आपको बधाई देने आया था। सोचा आपकी खुशियो में शरीक हो जाऊँ।

शर्मा जी – किस बात की बधाई देने आए हो?

शर्मा जी की यह बात सुन कान्हा एकाएक चुप हो गया, उसे ऐसा लग रहा था कि मानो उसने कोई गुनाह कर दिया हो।

शर्मा जी – अब बोलोगे किस बात की बधाई देने आए हो?

कान्हा – मैं तो...(थोड़ा रुकते हुए ) वो आपके घर बेटी हुई है तो उसकी बधाई देने आया हूँ।

शर्मा जी – क्या? बेटी हुई है उसकी बधाई देने आए हो? एक तो बेटी हुई है, मैं पहले से ही परेशान हूँ और तुम बधाई देने आए हो। ऐसा प्रतीत होता है जैसे तुम मेरे जले पर नमक छिड़कने आए हो। (गुस्से में)

कान्हा – नहीं! बिल्कुल नहीं! आपको ऐसा क्यों लगता है? मैं तो बस आपको शुभकामनाएं देने के मंतव्य से यहाँ आया हूँ। अगर आपको मेरा यहाँ आना पसन्द नहीं हो तो मैं आपसे माफी चाहता हूँ। हाँ लेकिन, एक बात जरूर जानना चाहूँगा कि आपको बेटी होने की खुशी क्यों नही हो रही है?

शर्मा जी – मैं तुम्हे यह सब बताना जरूरी नहीं समझता, अब तुम यहाँ से जा सकते हो। और बेटी तो वैसे भी बोझ होती है, मुझे बेटा होता तो अच्छा होता।

कान्हा – आप ऐसा क्यों सोचते हो? आप 21वी सदी में रह रहे हो, जहाँ बेटे और बेटी में कोई फर्क नही है। एक बेटी भी अपने माता–पिता का उतना ही नाम करती

है जितना एक बेटा। और आज हर क्षेत्र में बेटियाँ अपने झंडे गाड़ रही है, बेटों के कदम से कदम मिला कर उचाईयों को छू रही है। आप बेटे और बेटी में फ़र्क मत करो, बेटी तो आँगन की ख़ुशी होती है। आपको तो ख़ुश होना चाहिये आपके घर बेटी हुई है।

शर्मा जी – हो गया तुम्हारा? मुझे तुम्हारा उपदेश सुनने का कोई शौक़ नही है।

अब कान्हा क्या कहता? वह अपना मुँह लटकाए वापस अपने घर लौट आया।

रज्जो – लक्ष्मी के बापू! आ गए आप? दे आए शर्मा जी को बधाई?

बस रज्जो के कुछ कहने की ही देर थी कान्हा ने शर्मा जी का सारा का सारा गुस्सा बेचारी रज्जो पर निकाल दिया।

कान्हा – तुम्हें बड़ी उत्सुकता है ना? एक काम क्यों नही करती तुम खुद जा कर शर्मा जी को बधाई दे आओ। बड़ी आई पूछने वाली बधाई दे आए। (मुँह बनाते हुए)

रज्जो – मैंने तो सीधा-सीधा पूछा आप टेढ़े क्यों जा रहे हो? शर्मा जी ने कुछ कहा क्या?

कान्हा – उनका तो काम ही है मुँह में से जहर उगलना। कभी अच्छा तो बोल ही नही सकते। मैं तो एक सज्जन की तरह उन्हें बधाई देने गया था और उन्होंने मेरा अपमान कर के मुझे वापिस भेज दिया। और तो और अपनी बेटी होने की खुशी भी नही है उसे हाथ मे तक नहीं लिया।

रज्जो – ओह! ऐसे कैसे? मुझे तो लगा उनके बच्चा होगा तो वो शायद अपना मन बदल देंगे, फिर बेटा हो या बेटी उन्हें कोई फर्क नही पड़ेगा। लेकिन इनका हृदय तो पत्थर का निकला, अपनी नन्ही सी बेटी को देख कर भी नही पिघला।

कान्हा – मन पिघलेगा भी तो कैसे? उन्हें तो बेटा चाहिए, बेटी तो बोझ होती है। ऐसे व्यक्तियों की मानसिकता हम कभी नही बदल सकते।

रज्जो – लेकिन लक्ष्मी के बापू हमें कुछ तो सोचना होगा, अगर सभी की यही सोच रही तो बेटियों का क्या होगा?

कान्हा – लेकिन हम कर भी क्या सकते है? कौन हमारी बात सुनेगा? कौन हमारी बात मानेगा?

रज्जो – सब बात सुनेंगे भी और मानेंगे भी अगर हम सही तरीक़े से समझाए तो।

कान्हा – अच्छा तो तुम बताओ हम सबको कैसे समझाए? क्या हमारी बात कोई मानेगा? यहाँ एक शर्मा जी नही कई शर्मा जी है तुम किस-किस को समझाओगी?

रज्जो – तुम बस थोड़ा सबर रखो। वक़्त के साथ सब समझ जाएँगे।

कान्हा – खैर..चलो ठीक है तुम्हारी बात मान लेते है, देखते है यह बात कितना वक्त लेती है। मुझे उस दिन का इंतज़ार रहेगा जब शर्मा जी भी खुशी से लड्डू बाँटेंगे और पूरे गाँव वालों से कहेंगे –“लो लड्डू खाओ, मेरे घर बेटी हुई है।“

रज्जो – यह दिन भी बहुत जल्द आएगा, बेटियों से कोई कब तक ख़फ़ा रह सकता हैं। आख़िर बेटियाँ तो "आँगन की ख़ुशी" होती है।

दोनों जैसे तैसे मन को बहला कर अपने-अपने काम पर लग गए ।

-------------------------

# अनकही बात - मेरा बेटा

"अच्छा सुनो".....

"हाँ! बोलो"...

"नही! कुछ नही"....

पता नही मीना मुझसे क्या बात कहना चाहती है? ऐसी कौनसी बात है जो उससे कहते न बन रही है? आखिर क्या हुआ है जो आजकल वो इतनी चुप-चुप रहने लगी है?

साहिल मीना के इस बर्ताव से काफी परेशान था।

आखिर मीना को हुआ क्या है?

पुणे शहर में मीना अपने पति साहिल के साथ रहती थी। मीना और साहिल बहुत सालों से एक दूसरे से प्यार करते थे, मीना और साहिल का इस दुनिया में एक-दूसरे के अलावा कोई नहीं था। इसके चलते दोनों ने ही मंदिर में शादी कर ली। शादी करने के बाद उन दोनों ने अपना एक घर ले लिया।

साहिल ने मीना को पहली बार तब देखा जब उसे कोई देखने आया था। मीना थोड़ी सहमी हुई लग रही थी शायद वह इस बात से खुश नहीं थी और उसे वहाँ से नहीं जाना था। लेकिन उन लोगो को मीना पसंद थी और वह मीना को गोद लेना चाहते थे

गोद लेना चाहते थे?

जी हाँ! यहाँ मीना को कोई लड़के वाले देखने नही आए थे, बल्कि यहाँ एक पति-पत्नी अपने लिए एक बच्चा लेने आए थे। मीना और साहिल उसी अनाथालय में

रहते थे। उन बच्चों में से उनको मीना पसंद आई, पता नही क्यों लेकिन मीना उनके साथ नहीं जाना चाहती थी।

साहिल ने बहुत सोचा कि वह ऐसा क्या करे जिससे मीना को उनके साथ ना जाना पड़े? पर मात्र 10 वर्ष के साहिल को कुछ समझ नही आया।

तब साहिल ने बीच में जाकर उन लोगों से कहा कि आप इसको कहाँ ले कर जा रहे है? देखो यह कितनी दु:खी लग रही है। आप कौन हैं? आप यहाँ क्यों आए हैं?

अनाथालय के अधिकारी ने साहिल को वहाँ से जाने के लिए कहा।

अधिकारी - बेटा! यह लोग इसे अपने घर ले जाने आए हैं। मीना अब अपने घर जाएगी। अपने मम्मी-पापा के साथ रहेगी।

इतना समझाने के बाद भी साहिल नहीं माना - नहीं! आप मीना को मत ले जाओ। (रोते हुए)

अधिकारी (गुस्से में) - एक बार समझाया समझ में नही आता है क्या? जाओ यहाँ से।

साहिल सहम गया और ना चाहते हुए भी वहाँ से जाने लगा।

साहिल मीना को देख रहा था और दोनों ही रो रहे थे।

पता नहीं साहिल ने ऐसा क्यों किया? मीना और साहिल एक-दूसरे को नहीं जानते थे, ना ही कभी देखा था। लेकिन ना जाने क्यों साहिल मीना की ओर खींचा चला

जा रहा था। उसकी आँखो में जो डर था वह साहिल को साफ-साफ नजर आ रहा था। इसलिए वह चाहता था कि मीना उन लोगों के साथ नहीं जाए।

पति-पत्नी साहिल से - रुको बेटा! आप क्यों नहीं चाहते कि मीना हमारे साथ जाए? हम उसे बहुत खुश रखेंगे।

साहिल कुछ बोल नही पाया।

उन लोगों ने मीना से अपनी इच्छा जाननी चाही लेकिन मीना घबराहट के मारे कुछ बोल ना पाई। लेकिन मीना की चुप्पी उनको सब कह गई और वह मीना की जगह किसी और बच्चे को अपने साथ ले गए।

मीना – साहिल! तुम्हे कैसे पता चला कि मैं यहाँ से नहीं जाना चाहती हूँ? (उन लोगों के जाने के बाद मीना ने साहिल से पूछा)

साहिल - पता नही, लेकिन तुम्हारी आँखों में जो डर और घबराहट थी वह मैं आसानी से देख पा रहा था। उस वक्त मुझे यही करना उचित लगा। ( मीना की तरफ देखते हुए )

मीना - अच्छा किया, मुझे वैसे भी उनके साथ नहीं जाना था। क्या तुम भी इसी अनाथालय में रहते हो? आज से पहले मैंने तुम्हें यहाँ कभी नहीं देखा।

साहिल – हाँ! मैं यहीं रहता हूँ, मेरा नाम साहिल है।

मीना - क्या हम दोस्त बन सकते हैं?

साहिल - हाँ! क्यों नहीं? यह लो चॉकलेट खाओ। (मीना को कच्चा मैंगो बाईट देते हुए)

मीना - चॉकलेट?

साहिल - हाँ! आज से हम दोस्त है ना इस खुशी में।

मीना - धन्यवाद! लेक़िन साहिल...

साहिल - क्या हुआ मीना?

मीना - आज तो हमने उन्हें वापिस भेज दिया, लेकिन अगली बार कोई और हमें लेने आया तो?

साहिल - तुम चिंता मत करो मीना! कोई आएगा तब देख लेंगे। अब हम यही रहेंगे, यहाँ से कही नही जाएँगे।

मीना और साहिल की दोस्ती दिन-ब-दिन और गहरी होती गई। वह एक-दूसरे को किसी और के साथ नहीं जाने देते थे और वह कोई भी काम एक-दूसरे के बिना नहीं करते थे। साहिल और मीना कुछ ही समय में एक दोस्त से ज्यादा एक परिवार जैसे हो गए थे। जिसमें मीना के लिए साहिल और साहिल के लिए मीना ही सब कुछ थे।

मीना - साहिल! साहिल! सुनो तुम्हे कुछ बताना है। (दौड़ते हुए साहिल के पास आई और कहने लगी)

साहिल - क्या हुआ मीना? तुम इतना दोड़ते हुए क्यों आ रही हो?

मीना – साहिल! तुम्हे पता है आज से अनाथालय में हर शनिवार-रविवार को एक शिक्षक पढ़ाने आएँगे।

साहिल - अरे वाह! क्या तुम सच कह रही हो मीना?

मीना - हाँ साहिल! सही में, तुम खुद चल कर देख लो।

साहिल – चलो! चल कर देखते है।

जब मीना और साहिल ने वहाँ जा कर देखा तो वो शिक्षक बच्चों को पढ़ा रहे थे और वो दोनों लेट हो गए थे।

शिक्षक - चलो बच्चो, जल्दी चलो! कहाँ रह गए थे तुम दोनों? मैंने पढ़ना शुरू कर दिया है।

साहिल और मीना फ़टाफ़ट वहाँ जा कर बैठ गए। छोटे-बड़े सभी बच्चों के लिए एक ही कक्षा थी तो सब साथ बैठ कर एक जैसा ही पढ़ते थे।

10 साल के साहिल और मीना के लिए अनाथालय ही उनका घर था। साहिल बहुत ही होशियार और पढ़ाई के मामले में गंभीर था, वही मीना को पढ़ने का इतना शौक़ नहीं था। मीना को कलात्मक कामो में ज्यादा रुचि थी सिलाई-बुनाई, चित्रकारी, लेखन और भी कई।

साहिल शनिवार और रविवार को जो पढ़ाया जाता था उसका पूरे सप्ताह अभ्यास करता था। मीना पढ़ाई भी करती और बाकी के खाली समय मे उसकी रुचि के दूसरे काम भी करती थी। मीना और साहिल की दोस्ती को देखते ही देखते 2 साल बीत गए।

**********

साहिल - मीना! मीना! कहाँ हो तुम? (साहिल पूरे अनाथालय में मीना को ढूँढ रहा था। और मीना गार्डन में एक पेड़ के नीचे बैठी थी।)

साहिल - मीना! तुम यहाँ बैठी हो? मैं तुम्हें पूरे अनाथालय में ढूँढ कर आया हूँ। लेकिन तुम यहाँ पेड़ के नीचे क्यों बैठी हो?

मीना - क्या तुम्हें पता नहीं है साहिल? आज हमारा आठवीं का रिजल्ट आया है।

साहिल - हाँ पता है! तो क्या हुआ?

मीना - साहिल मैं आठवीं की परीक्षा पास नही कर पाई हूँ। खैर छोड़ो! तुम मुझे सब जगह क्यों ढूँढ रहे थे? और तुम तो बहुत खुश नजर आ रहे हो, क्या बात हैं? (थोड़ा दुखी होते हुए)

साहिल - वो मीना! कुछ नही।

मीना - साहिल! इधर देखो। तुम पास हो गए हो ना? लेकिन मेरे फेल होने की वजह से तुम मुझे अपनी खुशी नही बता रहे हो।

साहिल - नही मीना! ऐसी कोई बात नही है। हाँ, मैं पास हो गया हूँ।

मीना - यह तो बहुत अच्छी बात है। यह लो कच्चा मैंगो बाईट।

साहिल - कच्चा मैंगो बाइट?

मीना – हाँ! 5 साल पहले जब हम पहली बार मिले थे और दोस्त बने थे तब तुमने उस पल की खुशियाँ मनाने के लिए कच्चा मैंगो बाइट मुझे दी थी। आज तुम्हारे पास होने की खुशी मनाने के लिए मेरी तरफ से यह कच्चा मैंगो बाइट।

साहिल - थैंक यू मीना।

मीना - अच्छा चलो, मुझे तुम्हें कुछ दिखाना है।

साहिल - क्या दिखाने वाली हो मीना तुम?

मीना - अरे बाबा! तुम चलो तो।

साहिल - अच्छा चलो।

मीना साहिल को अपने रूम की तरफ ले गई और अपनी अलमारी में से एक ड्राइंग बुक का पेपर निकाला और साहिल के हाथ मे दिया। जब साहिल ने वो पेपर देखा तो उसकी आँखें खुली की खुली रह गई।

साहिल - मीना..?

मीना - हाँ,बोलो साहिल।

साहिल - मीना! यह तुमने बनाया है क्या?

मीना - हाँ साहिल! यह मैंने ही बनाया है।

साहिल - वाह! यार मीना, कितनी ख़ुबसूरत तस्वीर बनाई है तुमने मेरी। एक दम वास्तविक लग रही है।

मीना - तुम्हे पसंद आई?

साहिल – हाँ! बहुत, बहुत ज्यादा। मीना! तुम बिना बात दुःखी हो रही थी। तुम आठवीं की परीक्षा पास नहीं कर पाई तो क्या हुआ? तुमने इतनी अच्छी तस्वीर बनाई है इस बात से ख़ुश होना चाहिए तुम्हे।

मीना - हाँ, साहिल! तुम सही कह रहे हो।

साहिल - तुम्हें और क्या-क्या आता है मीना?

मीना – साहिल! ज्यादा कुछ तो नही लेकिन तस्वीर बना लेती हूँ। थोड़ी बहुत कढ़ाई-बुनाई का काम और थोड़ा सा आर्टवर्क।

साहिल - वाह मीना! तुम तो बहुत प्रतिभावान हो। तुम्हें दुखी होने की कोई जरूरत नही है। पढ़ाई में तुम अच्छी नही हो तो क्या हुआ बाकी दूसरी चीजों में तुम एकदम परफेक्ट हो।( मीना का हौसला बढ़ाते हुए )

मीना - साहिल तुम ही मेरे सच्चे और अच्छे दोस्त हो। मैं बहुत खुशनसीब हूँ कि इस अनाथालय में भी मुझे तुम जैसा दोस्त मिला जो मेरा सब कुछ है मेरा परिवार है।

साहिल - अभी ज्यादा सेंटी होने की कोई जरूरत नही है, चलो थोड़ा टहल कर आते है।

मीना - तुम चलो साहिल, मैं यह सब रख कर अभी आई।

साहिल - ठीक है, लेकिन जल्दी आना।

मीना - बस 5 मिनट, आ ही रही हूँ।

साहिल – मीना! तुमने अपने भविष्य के बारे मे कुछ सोचा है क्या? बड़ी होकर तुम क्या करोगी? यहाँ से कब बाहर निकलोगी? और जॉब करोगी या क्या करने वाली हो? (मीना और साहिल गार्डन में घूम रहे थे तभी साहिल मीना से)

मीना - साहिल! अभी तो मुझे इस बारे में कोई आईडिया नहीं है कि मैं आगे चलकर क्या करने वाली हूँ। तुम बताओ तुमने अपने भविष्य के बारे में क्या सोचा है? क्या तुम मुझे छोड़कर चले जाओगे?

साहिल - नही मीना! मेरे कहने का यह मतलब नहीं था। मैं तो बस यह कह रहा था कि हमें हमारे भविष्य के लिए कुछ सोचना पड़ेगा।

मीना – हाँ साहिल! तुम ठीक ही कह रहे हो कुछ सोचना पड़ेगा।

15 साल के साहिल और मीना के मन में अपने भविष्य को लेकर चिंता थी। वह दोनो यह नहीं जानते थे कि बाहर की दुनिया कैसी है? उनके लिए क्या सही है, क्या नहीं? वह कुछ कर भी पाएँगे या बस पूरी जिंदगी ऐसे ही बितानी पड़ेगी? वो दोनों बस सही समय और फ़ैसले के इंतज़ार में थे।

**********

साहिल - मीना! जल्दी करो। कहाँ हो तुम? हमे देरी हो रही हैं, आयोजन शुरू होने ही वाला है।

मीना - अरे आ रही हूँ, रुको तो। क्या देरी हो रही है और तुम्हारे बिना आयोजन कैसे शुरू होगा? वो थोड़ा रुक लेंगे तुम्हारा ही तो आयोजन है।

साहिल - मीना की बच्ची! रुको तुम। (मीना के पीछे भागता हुआ)

मीना – अच्छा-अच्छा माफ़ करो। चलो चलते हैं।

साहिल - चलो, बैठो गाड़ी में।

(आज 7 साल बाद भी साहिल और मीना साथ है,15 साल के साहिल और मीना अब 22 साल के हो गए है।)

साहिल और मीना के लिए आज का दिन बहुत ख़ास था। मीना का आज आर्ट एग्जिबिशन था वही साहिल आयोजन ख़त्म होने के बाद मीना से अपने दिल की बात कहने वाला है।)

मीना - साहिल हमें पहुँचने में कितना वक्त लगेगा?

साहिल - बस 10 मिनट, पहुँच ही गए है।

मीना - मुझे बहुत डर लग रहा है अब तक का यह मेरा सबसे बड़ा आर्ट एग्जिबिशन है।

साहिल - डरो नही! यह तुम्हारी ज़िन्दगी का सबसे ख़ास आयोजन होगा, मैं वादा करता हूँ।

मीना – हाँ! भगवान करे ऐसा ही हो।

साहिल - लो पहुँच गए। चलो चलते है।

मीना - वाह साहिल! यह सब कितना ख़ूबसूरत है। हर तरफ बस कला ही कला। साहिल यह वाकई में बहुत अद्भुत है। (आयोजन के अंदर जाते ही)

साहिल - तुम अंदर तो चलो अभी तो तुम्हें तुम्हारी आर्ट गैलरी दिखानी है।

मीना बहुत उत्साह के साथ अपनी आर्ट गैलरी देखने गई। वह बहुत ही ज्यादा सुंदर थी। चारो तरफ़ तस्वीरें, इंद्रधनुष के सातों रंगों से सजी हुई दीवार और मीना की बनाई तस्वीरें। शायद यह इस इवेंट का सबसे खूबसूरत हिस्सा था।

मीना - तुम्हारा बहुत-बहुत धन्यवाद साहिल।

साहिल - मीना! तुम यहाँ देखो, मैं बाकी की व्यवस्था देख कर आता हूँ।

मीना - ठीक है। अच्छा साहिल! सुनो तो (साहिल को रोकते हुए)

साहिल – हाँ मीना! बोलो, क्या हुआ?

मीना – वो साहिल, मैं यह जानना चाह रही थी की आज के आयोजन में जज कौन होंगे? मुझे बहुत डर लग रहा है।

साहिल – अब आयोजन इतना बड़ा है तो जज भी बहुत ख़ास होंगे ना। आज के आयोजन में अलग-अलग 5 शहरों से बहुत ही खास जज आने वाले है।

मीना – अच्छा! साहिल, मुझे बहुत डर लग रहा है।

साहिल – तुम डरो नहीं मीना। आज तो वो लोग “सेलिब्रिटी ऑफ़ द इवेंट” का अवार्ड भी देने वाले है।

मीना – सच साहिल?

साहिल – हाँ मीना! अच्छा चलो, अब मैं चलता हूँ।

(आयोजन का दिन बहुत ही अच्छे से निकल रहा था। दिन के अंत में जज ने सारे अवॉर्ड दे दिए थे। मीना को एक भी अवॉर्ड नहीं मिला था। इस बात से मीना बहुत दुःखी थी। )

साहिल – क्या हुआ मीना?

मीना - नही तो! कुछ नही हुआ।

साहिल – तुम्हें कोई अवॉर्ड नही मिला इसलिये तुम दुःखी हो ना? कोई बात नही अभी तो बहुत से आयोजन बाकी है, तुम उदास मत हो।

मीना – हाँ साहिल।

साहिल – वैसे मीना! अभी तो "सेलिब्रिटी ऑफ़ द इवेंट" का अवॉर्ड भी तो बाकी है, वो अभी तक नही दिया है। (मीना और साहिल बात कर ही रहे थे तभी जज ने "सेलिब्रिटी ऑफ़ द इवेंट"अवॉर्ड की एनाउसमेंट की। और इस अवॉर्ड के लिए मीना का नाम चुना गया।)

साहिल – देखा मीना! मैंने कहा था ना, तुम सबसे बेस्ट हो। (मीना और साहिल खुश होते हुए।)

मीना – मुझे यकीन नही हो रहा साहिल की यह अवॉर्ड मुझे मिल रहा है।

तभी मीना को स्टेज पर बुलाया गया, मीना यह अवॉर्ड पा कर बहुत ख़ुश थी।

साहिल - मीना! ज़रा रुको, तुम्हारे लिए और भी कुछ है।

(जब मीना स्टेज से जा रही थी।)

मीना साहिल को देख रही थी कि वह अब उसे क्यों रोक रहा है?

साहिल - ऐसे क्या देख रही हो? यहाँ वापस आओ तुम्हारे लिए कुछ है।

जैसे ही मीना साहिल के पास पहुँची साहिल ने अपनी जेब में से कुछ निकाला और अपने घुटनों पर बैठ कर मीना की तरफ देखा।

उस समय मीना साहिल के हाथ में चमकती हुई अँगूठी देखकर भावुक हो गई। उसकी आँखों में से आँसू आने लगे। उस वक्त उसे जो महसूस हो रहा था वह बहुत ही अजीब सा एहसास था। थोड़ी खुशी, थोड़ा ख्वाब, थोड़ा डर और बहुत सारे सपने, मीना बस साहिल को देखे जा रही थी।

साहिल - मीना कहाँ खो गई तुम? मैं कब से तुमसे कुछ पूछ रहा हूँ।

मीना - क्या पूछ रहे थे साहिल तुम? (भावुकता के साथ)

साहिल - मीना! क्या तुम मुझसे शादी करोगी? क्या तुम अपनी पूरी जिंदगी मेरे साथ बिताना चाहोगी? 15 साल की उम्र में जो हमारे मन में सवाल थे मेरे उन सवालों का जवाब बनोगी? (उस अँगूठी को अपने हाथ में लेकर मीना की तरफ देख कर पूछता है)

मीना को एकाएक यह सब एक सपना लगा फिर वापिस से पूछने पर मीना ने साहिल को हाँ कर दी।

मीना - हाँ साहिल! मैं तुम्हारे साथ अपनी पूरी जिंदगी बिताना चाहती हूँ। मैंने कभी नहीं सोचा था कि जो मेरी दुनिया है, आज वही सही में मुझे अपना हमसफर बनाना चाहता है। साहिल आज मेरी जिंदगी का सबसे खूबसूरत दिन है, जिसमें मुझे अपने साथी, अपने दोस्त, अपने बचपन के साथी के साथ अपनी पूरी जिंदगी बिताने का मौका मिल रहा है।

मीना और साहिल ने एक-दूसरे को अपना जीवनसाथी स्वीकार कर लिया था। साहिल ने, मीना को अँगूठी पहनाई और सबके सामने उसे शादी के लिए प्रपोज किया।

उस आयोजन में मौजूद सभी लोगों ने तालियाँ बजाकर मीना और साहिल की खुशियों को चार चाँद लगा दिए।

साहिल और मीना जैसे एक ख्वाब देख रहे हो, लेकिन तालियों की आवाज उनके हक़ीक़त में होने का सबूत थी। यह आयोजन मीना और साहिल के नाम।

कुछ वक्त बाद मीना और साहिल ने अनाथालय के अधिकारियों से आज्ञा लेकर शादी करने और अपना अलग घर बसाने का फैसला किया। उसके अगले ही दिन मीना और साहिल ने एक मंदिर में जाकर शादी कर ली। मीना और साहिल अब पति-पत्नी बन गए। अब से मीना और साहिल की जिंदगी की

एक नई शुरुआत हुई थी।

"पति-पत्नी का सफर"

***********

मीना और साहिल अपने गाँव से और अनाथालय से बहुत दूर एक छोटे से गाँव में जाकर बस गए। उस बात को करीब 4 से 5 साल बीत गए, मीना और साहिल अब उस गाँव के निवासी हो गए।

साहिल - मीना कहाँ हो? जल्दी करो, हमें देर हो रही है। मिस्टर एंड मिसेज वर्मा हमारा इंतजार कर रहे होंगे।

मीना - बस आ ही रही हूँ, क्यों चिल्ला रहे हो?

साहिल - तुम चिढ़ क्यों रही हो? मैं तो बस तुम्हें जल्दी करने के लिए कह रहा हूँ।

पता नहीं मीना आजकल इतनी उखड़ी-उखड़ी क्यों रहती है?

( साहिल मन ही मन )

मीना - चलो अब! देरी हो रही है।

मीना और साहिल मिस्टर एंड मिसेज वर्मा के घर पहुँच गए। जहाँ पर उनकी बहू की गोद भराई का कार्यक्रम चल रहा था।

मिस्टर एंड मिसेज वर्मा – मीना-साहिल, तुम आ गए?

मीना - जी मिसेस वर्मा। वैसे कोमल कहाँ है? वो कही नज़र नही आ रही है।

मिसेस वर्मा - आओ! मैं तुम्हें कोमल से मिलवाती हूँ।

मीना - बधाई हो कोमल! अब तो कुछ ही दिनों में इस घर में किलकारियाँ गूँजेगी।

कोमल - शुक्रिया भाभी।

मिसेज वर्मा - हमारी बहू ने इस घर को बहुत बड़ी खुशी दी है। वैसे...मीना बेटा!

मीना - क्या हुआ? आप कुछ कहना चाहती है?

मिसेस वर्मा - वो बेटा! कोमल की शादी तुम्हारी शादी से 2 साल बाद हुई थी। उसने तो खुशखबरी दे दी, अब तुम बताओ तुम हमें कब खुशखबरी दोगी?

तभी एक नकचड़ी औरत जो उन्हीं की सोसाइटी में रहती थी वह बोली - यह क्या खुशखबरी देगी? देनी होती तो अब तक दे दी होती। लगता है इसे

तो बच्चा ही नहीं हो सकता। यह माँ नहीं बन सकती है और ऐसी औरत को तुमने

अपनी बहू की गोद भराई में बुला दिया।

मिसेज वर्मा – आप क्या कुछ भी बोले जा रही हो। कृपया आप चुप रहिए।

मिस्टर वर्मा - रहने दो, क्यों इनके मुँह लगती हो। यह तो जहाँ भी जाती है कड़वा ही बोलती है। तुम इनकी बातों पर ध्यान मत दो।

मीना को यह सब बातें सुई की तरह चुभ रही थी। वह कुछ बोल नहीं पाई, लेकिन उसको इन सब बातों से बहुत दुख होता था। उसके बच्चा ना होने की वजह से सभी उसको ताना मारते थे। अब किस-किसका मुँह बंद करे, इसलिए मीना ने आना-जाना कम कर दिया था, जिसके जरूरी होता वही जाती थी। इसी तनाव के चलते मीना आजकल बहुत दुःखी और चिड़चिड़ी रहने लगी थी।

साहिल - मीना! क्या हुआ? कहाँ खो गई?

मीना - नही! कुछ नही। साहिल घर चले क्या? मुझे कुछ ठीक नही लग रहा।

साहिल - क्यों? क्या हुआ? तुम कहो तो हम पहले डॉक्टर के यहाँ चलते है।

मीना - नही! इसकी कोई जरूरत नही है।

घर जा कर आराम करूँगी तो सही हो जाएगा।

साहिल - अच्छा कोई बात नही। चलो घर चलते है।

साहिल और मीना बिना खाना खाए ही मिस्टर एंड मिसेस वर्मा से मिलकर घर लौट आए।

साहिल - तुम कुछ खा कर दवाई ले लो।

मीना – नही! मेरा मन नही है कुछ खाने का, तुम कुछ खा लो।

साहिल - नही, मैंने तो थोड़ा बहुत वहाँ खा लिया था।

मीना - अच्छा ठीक हैं, तो अभी सो जाते है।

साहिल - ठीक है।

मीना - अच्छा सुनो...

साहिल - हाँ! बोलो...

मीना - नही! कुछ नही...

साहिल - पता नही, मीना मुझसे क्या बात कहना चाहती है? ऐसी कौनसी बात है जो उससे कहते न बन रही है? आख़िर क्या हुआ है जो आजकल वो इतनी चुप-चुप रहने लगी है?

साहिल मीना के इस बर्ताव से काफी परेशान था।

आखिर मीना को हुआ क्या है?

साहिल ने तय किया की वो अगली सुबह यह जान कर रहेगा कि आखिर मीना के मन मे चल क्या रहा है?

**********

अगली सुबह साहिल तैयार हो कर नाश्ता करने पहुँच गया। साहिल जानना चाहता था की मीना के मन में आख़िर चल क्या रहा है?

साहिल - मीना! यहाँ आओ, मेरे पास बैठो।

मीना - क्या हुआ साहिल?

साहिल - मैं भी यही जानना चाहता हूँ कि क्या हुआ? क्यों तुम आजकल इतनी उखड़ी-उखड़ी और चिड़चिड़ी रहने लगी हो? ना तुम ठीक से खाती हो, ना ठीक से सोती हो, ना ही अपनी पसंद का काम कर रही हो।

पिछले कितने टाइम से तुम बस, करने के लिए सब काम कर रही हो लेकिन तुम्हारा मन नही लग रहा है। आखिर ऐसी क्या बात हो गई मीना जो तुम इतनी गुमसुम रहने लगी हो?

मीना - ऐसी कोई बात नही है साहिल।

साहिल - देखो मीना! मैं तुम्हें बचपन से जानता हूँ तुम्हारी आँखें देख कर ही मुझे सब समझ आ जाता है।

मीना - तो फिर मेरे कहने की क्या जरूरत है? तुम ख़ुद ही पता कर लो।

साहिल - मैं नही समझ पा रहा हूँ, इसीलिए तो तुमसे पूछ रहा हूँ। अब बता भी दो तुम्हें क्या परेशानी है?

मीना - साहिल! हमारी शादी को 5 साल हो गए है और कोमल की शादी तो हमारे बाद हुई थी। उसको भी बच्चा होने वाला है। उसको क्या जिसकी-जिसकी शादी हमारे साथ या हमारे बाद हुई है उनके सबके बच्चे हो गए है। सिर्फ हमारी गोद में

ही बच्चा नही है। मैं जहाँ जाती हूँ सब मुझे ताना मारते है अब

मुझसे यह सब बर्दाश्त नही हो रहा।

साहिल - मीना! तुम इन सब बातों को दिल से क्यों लगाती हो?

एक दिन हमारे भी घर में बच्चा जरूर खेलेगा।

मीना - तुम बस अपना और मेरा मन बहला रहे हो, जबकि डॉक्टर ने भी

बोल दिया है कि मैं माँ नही बन सकती।

साहिल - तुम माँ नही बन सकती तो क्या हुआ?

हम बच्चा तो घर में ला सकते है ना।

मीना - साहिल! तुम्हारा मतलब क्या हम बच्चा गोद ले ले?

(मीना साहिल की तरफ आश्चर्यचकित होते हुए देखती हुई)

साहिल - हाँ मीना! तुम सही समझी हम उसी अनाथालय से

एक बच्चा गोद ले लेंगे जहाँ हम बड़े हुए और मिले थे।

मीना - साहिल, क्या ऐसा हो सकता है?

साहिल - हाँ मेरी मीना! ऐसा हो सकता है।

मैं आज ही वहाँ के अधिकारी से बच्चा गोद लेने की बात करता हूँ।

मीना यह बात सुनकर बहुत खुश हुई। उसकी सारी चिंता,

सारी टेंशन, खुशी में बदल गई।

मीना - साहिल! मुझे और कुछ नहीं चाहिए मुझे बस एक बच्चा ला दो।

( साहिल को गले लगाते हुए )

साहिल - हाँ बाबा! जितना जल्दी हो सके, उतना जल्दी सब सही करने की कोशिश कर रहा हूँ। अच्छा अब मुझे देरी हो रही है, मैं चलता हूँ। तुम अपना ध्यान रखना।

इतना कह कर साहिल अपने काम पर चला गया और मीना बस उसके आने का इंतजार कर रही थी। मीना की खुशी का कोई ठिकाना नहीं था, जिस पल से साहिल गया उसी पल से मीना साहिल के लौटने का इंतजार कर रही है। मीना ने ना कुछ खाया, ना कुछ पीया, ना ही कुछ काम किया। वह बस घर के दरवाजे पर नजरें टिकाए खड़ी थी। मीना पिछले 7 से 8 घंटे से दरवाजे पर ही खड़ी थी। मीना का इंतजार खत्म हुआ उसे सामने से साहिल आता हुआ नजर आया।

मीना - साहिल तुम आ गए? तुमने बात की क्या? क्या बोले अधिकारी? क्या वह हमें बच्चा देंगे? कब जाना है हमे बच्चे को लेने के लिए?

कल ही चले क्या? नही! नही! अभी निकल लेते है।

साहिल - मीना! शांत हो जाओ, मुझे अंदर तो आने दो। और

तुम दरवाजे पर क्यों खड़ी हो?

मीना - मैं दरवाजे पर क्यों खड़ी हूँ? तुम गए थे तब से शायद मैं तो यही खड़ी हूँ।

( सोचते हुए )

साहिल - मैं गया तब से यही खड़ी हो मतलब?

पिछले 7-8 घंटे से तुम एक ही जगह ऐसे ही खड़ी हो?

मीना - हाँ! शायद।

साहिल - मीना मेरी जान! मैं समझ सकता हूँ कि आज तुम बहुत खुश हो। लेकिन इतना जल्दी हम बच्चे को घर पर नही ला सकते है। इसके लिए एक प्रक्रिया होती है, हमें उस प्रक्रिया के हिसाब से सब काम करने पड़ेंगे। और हमें वहाँ पर रविवार को जाना है।

मीना - रविवार को? लेकिन आज तो बुधवार ही हुआ है

4 दिन का इंतजार कैसे होगा?

साहिल - मीना! जब इतना समय तुमने इंतजार में बीता दिया है, तो बस 4 दिन का इंतजार और कर लो। रविवार तो अभी आ जाएगा।

मीना – ठीक हैं साहिल! अब मुझे बस रविवार का इंतजार रहेगा।

देखते ही देखते रविवार भी आ गया। मीना को बेसब्री के चलते शनिवार की पूरी रात को नींद नही आई। मीना सुबह-सुबह 5:00 बजे ही उठ कर तैयार हो गई। और 5:30 बजे से साहिल को उठाने की कोशिश कर रही थी।

मीना - साहिल! उठो, तैयार हो जाओ। हमें जाना है देरी हो जाएगी।

साहिल - मीना! अभी तो 5:30 हुए हैं, हम 9:00 बजे निकलने वाले है।

मीना - हाँ! पता है, लेक़िन 9 तो अभी बज जाएगी। तुम बस उठ कर तैयार हो जाओ, मैं नही चाहती कि हमें वहाँ पहुँचने मे थोड़ी भी देरी हो।

करीब आधे घण्टे तक साहिल को उठाने के बाद थक हार कर

साहिल को 6:00 बजे उठना ही पड़ा।

साहिल - अच्छा बाबा! मैं तैयार हो जाता हूँ। तब तक तुम नाश्ता बना लो।

मीना ने नाश्ता बना लिया और कुछ नाश्ता साथ में लेने के लिए तैयार कर दिया।

मीना - साहिल! चलो नाश्ता तैयार है। कितनी देर,

आठ बज गए है हमें देरी हो जाएगी।

साहिल – अरे-अरे! तुम्हें बहुत जल्दी है, हर बार मुझे तुम्हें बुला-बुला कर जल्दी तैयार कर के ले जाना पड़ता है। और आज तुम मुझसे पहले तैयार हो गई हो।

मीना - क्योंकि हर बार मुझे किसी जगह पर पहुँचने कि इतनी जल्दी नहीं होती है, जितनी आज हो रही है। मुझे इस बात की जल्दी है कि हम कब वहाँ पहुँचेंगे? कब हमारे हाथ में हमारा बच्चा होगा?

साहिल - बस हो ही गया है, अभी चल ही रहे है।

आख़िरकार मीना का इंतज़ार खत्म हुआ। मीना और साहिल अनाथालय के बाहर खड़े थे। दोनों ही बस उस अनाथालय के दरवाजे को देखे जा रहे थे।

तभी वहाँ के ऑफिस का एक कर्मचारी आया।

कर्मचारी - जी! आपको कुछ काम था?

साहिल - हाँ! यहाँ के अधिकारी को बोलना साहिल और मीना आए हैं। मेरी उनसे बात हो गई है, वो हमें अच्छे से पहचानते है।

वह लोग बात कर ही रहे थे कि अनाथालय के अधिकारी आ गए।

अधिकारी – आओ-आओ! साहिल और मीना, बहुत सालो के बाद तुम्हें देखा हैं। कैसे हो तुम दोनों?

मीना – हम दोनों तो बिल्कुल ठीक है। लेकिन आप तो अब बुढ़े होते जा रहे हो। (मीना थोड़ी सी मुस्कुराती हुई)

अधिकारी – हाँ! अब वक़्त के साथ-साथ उम्र भी तो गुज़रेगी ना। खैर चलो, तुम जिस काम से आए हो उसे पूरा कर लेते है।

मीना और साहिल बहुत ही उम्मीद के साथ अंदर प्रवेश करते है। मीना और साहिल को वहाँ बहुत सारे बच्चे दिखाई देते हैं।

अधिकारी – साहिल-मीना! तुम्हें लड़की चाहिए या लड़का?

साहिल – जी! हम लड़के-लड़की में कोई फर्क नहीं समझते।

इतने बच्चों के यहाँ होते हुए भी मीना की नज़र थोड़ी दूर पालने में सोए हुए बच्चे पर पड़ी। मीना उस बच्चे के पास जाती है और उसे गोद मे उठाती है। जैसे ही मीना ने उस बच्चे को गोद में उठाया, उस बच्चे ने मीना की उँगली पकड़ ली।

मीना उस बच्चे को गोद में उठाकर अपने आँसू रोक नही पाई।

मीना - साहिल! मुझे यही बच्चा चाहिये।

साहिल – मीना! यह तो बहुत छोटा है।

अधिकारी - हाँ! इसे कल रात ही कोई दरवाज़े पर छोड़ गया था।

मीना – साहिल! मुझे इसी बच्चे को गोद लेना हैं।

अधिकारी - अच्छा ठीक हैं! लेकिन आस-पास देख लो, साहिल की तरह कोई इसे रोकने तो नही आ रहा ना। (हँसते हुए)
अधिकारी की यह बात सुनकर सभी जोर-जोर से हँसने लगे।
साहिल और मीना सारी प्रक्रिया पूरी कर के बच्चे को घर ले जा रहे थे। जैसे ही मीना बाहर निकली वो अनाथालय के दरवाजे को देख कर उसी मे खो गई।
साहिल - क्या सोच रही हो मीना?
मीना - कुछ नही।
साहिल - तो तुम्हारे चेहरे पर ये उदासी क्यों?
मीना - उदासी नही हैं, बस जीवन का खेल समझने की कोशिश कर रही हूँ।
साहिल - क्या हुआ? अब बोलो भी।
मीना - मैं उस दिन के बारे में सोच रही थी जब हम यहाँ पहली बार आए थे। उस दिन हमारे माँ-बाप को हमारी जरूरत नहीं थी तो वो हमें यहाँ छोड़ कर चले गए और आज हमें बच्चे की जरूरत है तो हम उसी जगह वापिस लौट आए है अपने लिए बच्चा लेने।
यह दुनिया भी कितनी अजीब है ना साहिल।
साहिल – हाँ मीना! लेकिन अब तुम इन सब बातों पर ध्यान मत दो। तुम अब बस अपना पूरा ध्यान अपने बेटे पर दो।
आखिर मीना के मन का बोझ हल्का हो गया।

--------------------------

# दिल का पहरेदार

एक छोटे से गाँव के गरीब परिवार में रहने वाली एक लड़की “काव्या”जो महज़ अभी 8 साल की थी। काव्या अपनी माँ सुधा के साथ झोपड़पट्टी मे रहती थी। उसे अभी अमीरी-गरीबी की इतनी समझ नही थी, लेक़िन जब भी वह गाँव के दूसरे लोगों को देखती थी तब वो अपनी माँ से पूछती थी - माँ! माँ! यह लोग हमसे इतने अलग क्यों हैं? इनके कपड़े और इनके घर कितने अच्छे है और हमारी तो झोपड़ी भी सही नही है यह भी टूटी-फूटी है। बेचारी सुधा मासूम के सवालों के जवाब कैसे देती?

वो हर बार बात बदल देती थी - बेटा तुझे पता है वो लोग भी हमारे जैसे ही घर मे रहते है बस फ़र्क इतना है कि उनका घर बड़ा है और हमारा छोटा।

जैसे-तैसे सुधा काव्या को अपनी बातों में उलझा दिया करती थी।

सुधा को इस बात का हमेशा डर रहता था कि अभी तो काव्या छोटी है इसे मैं जो भी कहती हूँ यह मान लेती है लेकिन जब बड़ी हो जाएगी और मुझसे सवाल करेगी तब मैं उसके सवालों के जवाब कैसे दूँगी। काव्या और सुधा बस दोनों ही एक-दूसरे का सहारा थे लेकिन शहर में उसके बहुत दूर के काका रहते थे, वो साल में एकाद बार उनको थोड़े पैसे भिजवा दिया करते थे। उन्हीं पैसों से काव्या और सुधा उनका घर चलाते थे और थोड़ा बहुत दूसरों के घरों में काम कर के कमा लेते थे।

काव्या का रंग थोड़ा गहरा था सांवला भी कह सकते है। लेकिन उसके नैन-नक्श सबको आकर्षित करने वाले थे। काव्या को पढ़ने का बहुत शौक था, दूसरे बच्चों को स्कूल का बैग ले जाते देख उसका भी मन होता था। लेकिन उनकी परिस्थिति ऐसी नही थी कि वह स्कूल जा सके। लेकिन उसकी लगन और पढ़ाई के प्रति इतना जुनून

था कि अपने पास कुछ सामान ना होते हुए भी उसने अपनी झोंपड़ी में मिट्टी पर अपनी उँगली से लिखना-सीखना शुरू कर दिया। यह बात सही है कि बिना गुरु के शिक्षा प्राप्त नहीं की जा सकती और काव्या के पास तो कोई था नहीं

जिसे वह अपना गुरु बना सके।

बहुत दिनों तक ऐसे ही चलता रहा काव्या मिट्टी पर कुछ लिखती और बिगाड़ देती, उसे कुछ समझ नही आ रहा था। ना वो बोल पा रही थी और ना ही लिखा हुआ समझ पा रही थी। एक दिन उस झोपड़ी के बाहर से एक लड़का स्कूल जा रहा था, वो दिखने में लगभग काव्या से 3-4 साल बड़ा लग रहा था। वो बहुत दिनों से देख रहा था कि काव्या मिट्टी पर कुछ लिखने की कोशिश करती है और बिगाड़ देती है। उस दिन उसने काव्या के पास जा कर पूछा - यह तुम क्या कर रही हो?

काव्या ने कभी ऐसे अनजान व्यक्ति से बात नहीं की थी तो वह थोड़ी घबरा गई।

विशाल - डरो नही! मेरा नाम विशाल है। तुम क्या कर रही हो?

काव्या - मैं लिखना सीख रही हूँ, मैं भी औरो की तरह पढ़ना चाहती हूँ। मेरी माँ के पास इतने पैसे नही है की मैं स्कूल जा पाऊँ इसीलिए मैं घर पर ही पढ़ने की कोशिश कर रही थी। लेकिन मुझे तो कुछ आता ही नही है, मैं कुछ नही कर सकती, मैं कभी पढ़ना नहीं सीख पाऊँगी इतना कहते-कहते काव्या रोने लगी।

विशाल – अरे-अरे! रोना बंद करो, तुम जरूर सीखोगी और तुम भी औरो की तरह पढ़ाई कर पाओगी। मैं तुम्हें लिखना-पढ़ना सिखाऊँगा। मैं रोज़ सुबह स्कूल जाते वक्त तुम्हे कुछ अक्षर लिखना और बोलना सीखा जाऊँगा तो तुम उसका अभ्यास करना और वापिस स्कूल से लौटते वक्त मैं देख लूँगा।

(काव्या इस बात से बहुत खुश हो गई और नाचने लगी उसके लिए तो मानो भगवान ने फ़रिश्ता भेजा हो।)

अब यह सिलसिला शुरू हो गया था। विशाल रोज़ सुबह काव्या को 3-4 अक्षर सीखा जाता और शाम को लौटते वक्त उससे सुन लेता था। विशाल और काव्या अच्छे दोस्त बन रहे थे, जब कभी विशाल को देरी हो जाती तो काव्या बहुत ही बेसब्री से विशाल का इंतज़ार करती थी। धीरे-धीरे लेकिन विशाल ने काव्या को बहुत जल्दी ही सब कुछ सिखा दिया था। 1-2 साल में ही विशाल ने काव्या को कक्षा 6 की परीक्षा पास करवा दी थी। विशाल रोज़ काव्या को पढ़ाने आता और काव्या मन लगा कर पढ़ती, काव्या का पढ़ाई के प्रति इतना लगाव और दृढ़ता देख विशाल को पूरा विश्वास था कि काव्या भी बहुत आगे तक पढ़ाई करेगी ।

समय मानो पंख लगा कर उड़ गया। पढ़ते-पढ़ाते 6 साल बीत गए, काव्या अब 16 साल की हो गई। काव्या को बस अपनी पढ़ाई ही दिखती थी वो दिन-रात बस पढ़ने में ही अपना ध्यान लगाती। दूसरी तरफ विशाल काव्या की लगन, उसकी ईमानदारी, स्वभाव और उसकी ख़ूबसूरती का कायल था। हालाँकि काव्या का रंग थोड़ा सांवला था लेकिन वो बहुत खूबसूरत थी, काव्या की दाई आँख का तिल विशाल को बहुत पसंद था। विशाल मन ही मन काव्या को चाहने लगा था। इस बात से अनजान काव्या को बस पढ़ाई के अलावा कोई और दिखता ही नहीं था और प्यार-व्यार वाले मामलों से तो वो दूर ही रहती थी। उसके मन में कभी ऐसा कोई विचार या अहसास ही नही आया। लगता है मानो काव्या ने अपने दिल के बाहर एक पहरेदार बैठा रखा है, जो किसी के लिए कोई अहसास जागने ही नही देता हो।

विशाल ने एक दिन काव्या को अपने मन की बात बताने की सोची। विशाल मन ही मन -"कल जब मैं काव्या को पढ़ाने जाऊँगा, तब अपने मन की बात उससे कह दूँगा।"पूरी रात विशाल ने सुबह के इंतज़ार में गुज़र दी कि कब मैं काव्या से मिलूँगा और उसे अपने मन की बात कहूँगा। सुबह विशाल अच्छे से तैयार हो कर काव्या से मिलने निकल गया। लेकिन जब काव्या की झोंपड़ी के बाहर पहुँचा उसके पैरो तले ज़मीन खिसक गई थी। एक पल के लिए तो वह सहम गया

वक़्त जैसे ठहर गया। यह मैं क्या देख रहा हूँ?

झोपडपट्टी के इतने लोग वो भी सफ़ेद कपड़े पहने हुए, आगे कुछ दिख नहीं रहा था। विशाल का मन बैठा जा रहा था, वह धीरे-धीरे भीड़ को साइड में करता हुआ आगे बढ़ रहा था। जैसे ही आगे जा कर देखा तो सुधा की लाश उसके सामने पड़ी थी और काव्या सुधा का सिर अपनी गोद में लिए एक जिंदा लाश के जैसे बैठी थी। आखिर सुधा ही उसके लिए सब कुछ थी, जब से काव्या ने अपना होश सम्भाला सुधा को ही अपने आस-पास पाया। उसी में माँ, उसी में बाप,

उसी में भाई, उसी में बहन, उसी में पूरा परिवार देखा।

सुधा के चले जाने के बाद तो जैसे उससे उसका पूरा परिवार ही छीन गया हो, काव्या ने सुधा के अलावा आज तक किसी को अपने दिल के करीब नहीं आने दिया था। अब तो वह एकदम अकेली हो गई है, काव्या को इस हालत में देख विशाल बहुत दु:खी था। विशाल के आने से पहले झोपडपट्टी के लोगों के अलावा काव्या को संभालने वाला कोई नही था। विशाल ने हिम्मत की और काव्या को होश में लाने की कोशिश

की। काव्या थी कि आँख में से एक बूंद आँसू तक निकालने को तैयार नही थी, जैसे कि वह बस ठहर गई हो। विशाल ने जैसे-तैसे काव्या को संभाल लिया।

**********

लगभग 5 दिन बीत गए लेकिन काव्या के मुँह में से एक शब्द नही निकला , वह बस बूत बने एक तरफ़ बैठी थी। अब तो सुधा का भी सब काम हो गया था सभी लोग चले गए थे। उसके शहर वाले काका भी पिछले 5 दिन से यही थे तो उन्हें भी अब जाना था। वह काव्या को यह कह कर शहर को लौट गए की वो कुछ ही दिनों में काव्या को लेने आएँगे। अब उस झोपडपट्टी मे काव्या अपनी माँ की यादों के सहारे एकदम अकेली थी, विशाल काव्या को इस हालत में नही देख पा रहा था। विशाल ना ही काव्या के साथ उसके घर मे रह सकता था ना ही उसे छोड़ कर जा सकता था, विशाल ने काव्या के घर के बाहर एक तम्बू लगा दिया और वही रहने लग गया। विशाल की मदद से काव्या को कुछ दिन लगे इस सदमे से उभरने के लिए,

धीरे-धीरे ही सही वो वापिस ज़िन्दगी जीना शुरू कर रही थी। विशाल ने कुछ दिन

काव्या को सम्भलने के लिए दिए।

फिर एक दिन विशाल ने काव्या से कहा - काव्या! जो कुछ हुआ उसका मुझे बहुत दुख है। जो होना था हो गया उसमें ना तुम कुछ कर सकती थी ना मैं कुछ कर सकता

था। अब तुम्हें यह सब भूल कर अपने भविष्य के लिए सोचना होगा। तुम्हारे बहरवी की परीक्षा आ रही है, और तुम्हारे पास समय बहुत कम है तैयारी करने के लिए।

काव्या - हाँ विशाल! तुम ठीक कह रहे हो लेक़िन शायद मुझे थोड़ा और समय लगेगा इन सब में से बाहर निकलने में। (कुछ वक्त रुक कर धीरे से बोला)

विशाल - तुम फ़िक्र क्यों करती हो, मैं हूँ ना तुम्हारे साथ। लेकिन...(बात करते-करते विशाल रुक गया)

काव्या - क्या हुआ? तुम चुप क्यों हो गए?

विशाल - काव्या तुम अपनी परीक्षा कैसे दोगी? कुछ ही दिनों में तुम्हारे काका जी तो तुम्हे लेने आने वाले है, और तुम्हारी परीक्षा को तो अभी 2 महीने हैं ।

निःशब्द काव्या क्या बोलती।

विशाल - क्या हुआ काव्या? बोलो कुछ।

काव्या - कोई बात नही! मैं काका जी को बोल दूँगी आप मेरी चिंता ना करे, मेरे पास तुम हो मेरा ध्यान रखने के लिए। मैं अपनी परीक्षा दे कर वहाँ आ जाऊँगी।

(थोड़ा समय सोच कर विशाल की तरफ देख काव्या ने कहा)

काव्या की यह बात सुन विशाल थोड़ा सा भावुक हो गया।

काव्या - क्या हुआ विशाल? तुम इतना भावुक क्यों हो गए?

विशाल - नही! कुछ नही।

काव्या - अब बोलो भी, क्या हुआ है?

विशाल - मुझे जान कर अच्छा लगा कि तुम मुझ पर इतना भरोसा करती हो। लेकिन काव्या..तुम 2 महीने बाद मुझे छोड़ कर चली जाओगी। बाद में

मैं किसको पढ़ाऊँगा? कौन मेरे साथ मस्ती करेगा? मैं किसको अपनी सारी बाते बताऊँगा? (विशाल की आँखों मे काव्या के लिए अहसास साफ-साफ नज़र आ रहे थे।)

काव्या - तुम चिंता क्यों करते हो? मैं कौनसा विदेश चली जाऊँगी। यही पास के शहर ही तो जा रही हूँ, जब चाहे मिलने आ जाना।

(इतना सीधा - सीधा कहने के बाद भी काव्या कुछ समझ नही पाई ।)

विशाल को समझ नही आ रहा था कि काव्या सही में इन सब से अनजान थी या वो यह सब समझना ही नही चाहती। लेकिन जो भी हो विशाल को अपने दिल की बात काव्या को बताना सही नही लगा। वो भी तब, जब वह 2 महीने बाद जा रही है।

विशाल और काव्या दूसरा सब कुछ भूल कर बस काव्या की परीक्षा की तैयारी में लग गए। अब दोनों दिन-रात एक कर के बस तैयारी किये जा रहे थे। देखते ही देखते 2 महीने निकल गए, और परीक्षा का दिन आ गया।

आज काव्या के बारहवीं का पहला पेपर था।

काव्या - विशाल..मुझे बहुत डर लग रहा है, मैंने पूरी तैयारी तो की है ना?

विशाल - तुम घबरा क्यों रही हो? सब अच्छे से होगा। तुम बस अपना पूरा ध्यान अपनी परीक्षा पर लगाओ। आस-पास की सब चिंता भूल जाओ ।

काव्या - तुम्हारा बहुत-बहुत शुक्रिया विशाल! मेरा इतना साथ देने के लिए।

विशाल - हाँ! हाँ ठीक है, अभी तुम जाओ तुम्हारा समय हो गया है। मैं यही बाहर तुम्हारा इंतज़ार कर रहा हूँ।

एक-एक करके काव्या ने सारे पेपर दे दिए, काव्या के लगभग सारे पेपर अच्छे ही गए। बस एकाद थोड़ा खराब हुआ, लेकिन विशाल और काव्या की मेहनत सफल हुई।

परीक्षा ख़त्म होने के बहुत दिनों बाद विशाल और काव्या इतनी फुर्सत से बैठे थे। विशाल ने मौका देखकर काव्या को फिर से अपने दिल की बात बताने की कोशिश

की। लेकिन काव्या ने तो जैसे अपने दिल पर पहरेदार बिठा रखा था, कोई बात उसके दिल तक पहुँच ही नही रही थी।

विशाल - अब तो परीक्षा भी हो गई,अब तो तुम भी चली जाओगी। (दुखी होते हुए)

काव्या - हाँ! आज ही काका जी से बात हुई,वो परसो आ रहे है मुझे लेने।

यह सुनकर एक पल के लिए वक़्त जैसे ठहर सा गया हो।

विशाल - बस कल का दिन? परसो काव्या चली जाएगी। मैं उसे अपने मन की बात भी नही समझा सका। क्या काव्या कभी मेरे मन की बात समझ पाएँगी? क्या हम दोनों अभी के जैसे बाद में भी ऐसे ही मिल पाएँगे? (विशाल के मन मे सवालों का बवंडर चल रहा था।)

काव्या - विशाल! विशाल..विशाल! क्या हो गया? कहाँ खो गए तुम?

विशाल - नही! नही! कुछ नही, मैं तो बस ऐसे ही कुछ सोच रहा था।

वैसे काव्या तुम्हारी आँख का तिल बहुत सुन्दर है। यह तुम्हारी ख़ूबसूरती को हज़ार गुना बढ़ाता है। यह तिल मुझे हमेशा याद रहेगा।

***********

काव्या - विशाल..विशाल! कहाँ हो तुम?

विशाल..!

विशाल - अरे बाबा क्या हुआ? क्यों अफरातफरी मचा रखी है?

काव्या - अरे वो मेरे काका जी आ गए हैं मुझे लेने। मैं रात को ही शहर के लिए निकल जाऊँगी। यह बताने के लिए ही मैं तुम्हे कबसे ढूँढ रही थी। तुम मेरी मदद नही करोगे क्या? मुझे जाने से पहले बहुत बाते करनी हैं। तुमसे आगे की पढ़ाई के बारे में भी पूछना है। बहुत काम है।

काव्या - विशाल! क्या हुआ है? मैं देख रही हूँ कुछ दिनों से तुम अपने ही ख़यालो में खोए रहते हो?

विशाल - हाँ! क्या? कुछ कहा तुमने?

काव्या - ओ हो विशाल! कुछ नही, अब चलो भी बहुत काम है।

विशाल - हाँ चलो! आख़िर तुम्हे रात को जाना है। (विशाल थोड़ा दुःखी होते हुए)

अच्छा,सुनो काव्या! तुम शहर जा कर मुझे भूल तो नही जाओगी ना?

काव्या - तुम भी कैसी बात करते हो विशाल। मै भला तुम्हे कैसे भूल सकती हूँ? तुम तो मेरे सबसे ख़ास दोस्त हो।

बातों-बातों में कब समय बीत गया उन दोनों को पता ही नही चला।

काका जी - काव्या! चलो बेटा हमारे जाने का समय हो गया है।

विशाल - क्या? समय हो गया? (विशाल का मन बैठा जा रहा था)

काका जी - हाँ! जल्दी करो, नही तो गाड़ी छूट जाएँगी।

विशाल - चलो मैं आप दोनों को गाड़ी तक छोड़ देता हूँ।

विशाल - काव्या! मैं तुम्हारा इंतज़ार करूँगा। (विशाल ने अपने मन को मना लिया था,उसने बहुत ही खुशी-ख़ुशी काव्या को अलविदा किया)

अब काव्या जा चुकी थी और विशाल बिल्कुल अकेला हो गया। लेकिन काव्या बहुत खुश थी कि वह शहर जाएँगी, अब उसे झोपडपट्टी में नही रहना पड़ेगा अब वह बड़े घर मे रहेगी। काव्या अपने मन में बहुत से अरमान लिए अपने गाँव से निकली थी।

काव्या अपने काका जी के साथ अब उनके घर पहुँच गई,

जैसे ही उसने उनका घर देखा वो खुशी के मारे नाचने लगी।

"अब मैं इस घर मे रहूँगी, मुझे अब झोपडपट्टी में नही रहना पड़ेगा।"

काका जी के साथ उस घर मे काकी जी और उनके 3 बच्चे रहते थे। एक बेटा - राहुल और 2 बेटियाँ - सोनल और प्रिया। काकी जी ने बड़े ही प्यार के साथ काव्या का घर

मे स्वागत किया। वह लोग शुरू-शुरू में काव्या का बहुत ध्यान रखते थे, लेकिन साथ ही साथ उससे घर का सब काम करवाने लग गए। काव्या को अपने आगे की पढ़ाई करनी थी, पर उसकी सुनने वाला वहाँ कोई नही था। वो सब बस काव्या से घर का काम करवाते थे, उन्हें तो मुफ्त में कामवाली जो मिल गई थी।

काव्या - काका जी! मुझे आगे की पढ़ाई करनी है। मुझे बहुत आगे तक जाना है।

काका जी - क्या पढ़ाई-पढ़ाई लगा रखा है? तेरी माँ ने बहुत सर पर चढ़ा दिया है, अब तेरी माँ यहाँ नही है। घर का काम सिख वो ही आगे काम आएगा। (काका जी तो शहर आते ही बदल गए)

काव्या - लेकिन काका जी।

काव्या की सारी ख़ुशी सारे अरमान धरे के धरे रह गए। काव्या को जैसे एक सदमा सा लग गया था। अब वो गुमसुम सी रहने लगी, चुपचाप घर का सब काम करती। एक पल में काव्या ही बदल गई। पहले जो काव्या इतना बोलती थी, आज उसके मुँह

में से एक शब्द नही निकलता था। काव्या विशाल को बहुत याद करती थी। लेकिन अब उसको किसी को अपना कहने से डर लगता था,

वह बस अपने आप मे ही रहती थी।

काव्या को उस घर मे 2 महीने हो गए, उन 2 महीनों में काव्या का हुलिया ही बदल गया। दुबली-पतली काव्या ढीले-ढाले कपड़ो में, आँखों के नीचे काले

घेरे, चेहरा पूरा उतरा हुआ। ऐसा लगता था जैसे काव्या ने बहुत दिनों से भर पेट खाना नही खाया हो। ऐसी हालत तो छोटे से गाँव की झोंपड़ी मे रहने वाली काव्या की भी नही थी, जहाँ उसे खाने में ज्यादा विविधताएं भी नही मिलती थी। लेकिन इतने बड़े शहर के इतने बड़े घर मे आने के बाद काव्या का ये हाल हो गया।

काव्या ने जैसे-तैसे एक महीना और निकाल दिया। फिर एक दिन उसने हिम्मत कर के अपने काका जी से कह दिया।

काव्या - बस काका जी! अब और नही। मैं यहाँ अपना घर समझ कर आई थी, लेकिन आप अपने साथ अपनी बेटी नही एक कामवाली लाए थे जो आपके घर का सारा काम मुफ़्त में कर सके। लेकिन मेरी माँ ने मेरी परवरिश कामवाली बनने जैसी नही की, मेरी माँ के पास कुछ ना होते हुए भी उसने मुझे पढ़ाया। मेरे दोस्त ने बिना किसी लालच के मुझे बारहवीं पास करवाई। अब मैं यहाँ नही रुक सकती, मुझे जाना होगा। मुझे आगे बढ़ना है, अपनी माँ और विशाल का सपना पूरा करना है।

काका जी - आज बहुत चर्बी चढ़ रही है, यह तेरा गाँव नही है शहर है। यहाँ कहाँ जाएगी तू अकेले? और कहाँ रहेगी अकेले? (काका जी गुस्से में)

काव्या - वो सब मुझे नही पता लेक़िन मैं अभी इसी वक्त यहाँ से जा रही हूँ। और मेरा ख़ुदा है, वो यहाँ तक लाया है तो आगे का रास्ता भी वही बताएँगा।

काव्या घर छोड़ कर तो आ गई। लेक़िन पूरा दिन इधर-उधर भटकती रही कही उसे कोई आसरा नही मिला। सुबह से रात हो गयी थी अब उसे डर

लगने लगा था। तभी उसकी नज़र एक मंदिर पर गई जहाँ पुजारी जी रात की सेवा कर रहे थे।

काव्या ने मंदिर में जाना उचित समझा।

काव्या - नमस्ते पंडित जी! पंडित जी अगर आपको कोई तक़लीफ़ ना हो तो क्या मैं आज की रात यहाँ रुक सकती हूँ?

पंडित जी - कौन हो बेटा आप? कहाँ से आई हो? इस शहर में किसी को जानती हो?

काव्या - नही पंडित जी! मेरा इस शहर में कोई नही हैं।

क्या आप मेरी सहायता कर सकते हो?

पण्डित जी - तुम यही रुको, मैं अभी अपनी पत्नी को बुला कर लाता हूँ।

थोड़ी ही देर में पंडित जी अपनी पत्नी के साथ वहाँ आ गए, वो अनाथ बच्चो की एक संस्था चलाती थी। उन्होंने काव्या को अपने साथ रहने को बोला। उस संस्था में छोटे-छोटे बच्चे थे, काव्या लगभग उन सबसे बड़ी थी। काव्या को पहले जैसे सामान्य होने में थोड़ा वक्त लगा।

काव्या - पंडित जी! मैं आगे पढ़ना चाहती हूँ, क्या आप दोनों मेरी मदद करोगे? मैं साथ ही साथ इन बच्चो को भी पढ़ा दिया करूँगी।

(कुछ दिन बीतने के बाद काव्या पंडित जी से)

पंडित जी - क्यों नही बेटा! तुम जरूर पढ़ सकती हो। यहाँ एक सरकारी महाविद्यालय है,वहाँ तुम कम पैसों में पढ़ पाओगी।

काव्या - आप दोनो का बहुत-बहुत धन्यवाद।

पंडित जी - बेटा! इसमें क्या धन्यवाद। तुम खूब मन लगा कर पढ़ाई करो।

पंडित जी ने काव्या का दाखिला सरकारी महाविद्यालय में करवा दिया। काव्या बहुत मन लगा कर पढ़ाई करने लगी साथ ही बच्चों को भी पढ़ाती और जॉब भी करती।

कुछ ही सालो में काव्या ने अपनी उच्च शिक्षा पूरी कर ली और थोड़े ही समय मे काव्या को मुम्बई शहर की एक कंपनी में से नौकरी के लिए कॉल आ गया। लेकिन अब काव्या वहाँ से जाना नही चाहती थी, उसने पंडित जी के परिवार को अपना परिवार मान लिया था। काव्या ने अपनी जॉब की बात किसी को नही बताई थी। लेकिन एक दिन पंडित जी को यह बात पता चल गई और यह भी पता चला कि

काव्या वहाँ से नही जाना चाहती है। पंडित जी ने सही समय देख कर काव्या को मुंबई में जा कर नौकरी करने के लिए समझाया।

पंडित जी - बेटा! बेशक़ यह तुम्हारा ही घर है, लेकिन तुम्हें अपना और अपनी माँ का सपना भी तो पूरा करना है। तुम हँसते-हँसते यहाँ से जाओ और अपना नाम करो।

काव्या ख़ुश तो थी लेक़िन थोड़ी दुखी भी थी कि "काका जी को अपना मान कर आई थी तो उन्होंने मुझे अपनी बेटी नही माना। और यहाँ मैं इनकी कुछ नही लगती फ़िर

भी इन्होंने मुझे अपनी बेटी माना। मुझे बेटी सा प्यार दिया और अब यहाँ से ना चाह कर भी मुझे जाना पड़ रहा है।"

आख़िर काव्या को सबको छोड़ कर मुंबई शहर जाना ही पड़ा।

**********

काव्या अब मुंबई शहर में एकदम अकेली थी, काव्या को वहाँ कुछ समझ नही आ रहा था। कहाँ रहना है? कहाँ जाना है? क्या करना है?

काव्या एकदम अकेले इस अनजान शहर मे।

आधा दिन बीत गया, धूप भी सर चढ़ चुकी थी। थक हार कर उसे किसी एक फ्लैट में रहने को जगह मिली। वहाँ पहले से ही एक लड़की रह रही थी। काव्या को उससे कोई फ़र्क नही पड़ता, वह तो बस अपने आप मे ही मस्त थी।

नंदिनी - हैलो! मेरा नाम नंदिनी है। तुम्हारा क्या नाम है? (काव्या को चुपचाप देख कर उससे बात करते हुए)

काव्या - काव्या। (ज्यादा दिलचस्पी ना बताते हुए)

काव्या को उस फ्लैट में रहते हुए लगभग 4 दिन हो गए अब तक काव्या ने नंदिनी से कोई बात नही की, लेकिन नंदिनी स्वभाव की अच्छी थी वह हर बार काव्या से बात करने का मौका ढूँढती रहती थी। नंदिनी यह जानने की कोशिश करती थी कि आखिर काव्या इतनी चुप-चुप क्यों रहती है? लेकिन उसे कुछ पता नही चल पा रहा था।

काव्या हमेशा से थोड़ी चुपचुप रहती थी, पता नही वो किन ख़यालो में खोई रहती थी? ऐसा लगता था जैसे अपने अंदर बहुत कुछ छुपा रखा हो। नंदिनी तो जब से काव्या से मिली है उसने हमेशा से काव्या को ऐसे ही देखा है। उसे उसके बारे मे कुछ भी नही पता वो कहाँ से आई है? पहले क्या करती थी? उसके घर मे कौन-कौन है?

उसने बहुत बार काव्या से जानना चाहा की ऐसी कौनसी बात है जो उसे परेशान कर रही है, लेकिन नंदिनी की बातों से काव्या को कोई फ़र्क नही पड़ता। लेकिन ऐसा कब तक चलता एक दिन नंदिनी ने काव्या से बात करने का तय किया।

नंदिनी - काव्या! तुम्हे कुछ हुआ है? कोई परेशानी है? अगर कोई बात हो तो मुझे बताओ। मै तुम्हारी सहायता करूँगी।

नंदिनी कबसे काव्या से बात किये जा रही थी लेकिन काव्या का ध्यान तो कही और था,उसके तो कान पर ज़ू तक नही रेंग रही थी।

नंदिनी - मैं कब से तुमसे कुछ पूछ रही हूँ लेक़िन तुम हो कि सुन कर भी अनसुना कर रही हो। काव्या! काव्या...सुनो तो...(काव्या बिना कुछ कहे वहाँ से निकल गई।)

काव्या अपने साथ लैपटॉप औऱ टिफिन ले कर निकली थी। वह आते-जाते कभी भी अपार्टमेंट के किसी भी इंसान से कोई बात नही करती। काव्या सड़क पर टैक्सी का इंतज़ार कर रही थी फिर अचानक उसे एक टैक्सी दिखाई दी।

काव्या - टैक्सी! भैया बांद्रा चलोगे क्या?

टैक्सी ड्राइवर - जी मैडम! चलिये।

जैसे ही काव्या टैक्सी में बैठी रेडियो पर गाना बजा - तुझसे नाराज़ नही ज़िन्दगी हैरान हूँ मैं, परेशान हूँ मैं। तेरे मासूम सवालो से परेशान हूँ मैं, हाँ परेशान हूँ मैं...गाना सुनते-सुनते काव्या पता नही किन ख़यालो में खो गई।

टैक्सी ड्राइवर - मैडम! हम पहुँच गए है। मैडम आपको उतरना नही है क्या? ओ...मैडम! (टैक्सी ड्राइवर कब से काव्या से )

लेकिन काव्या तो जैसे अपनी ही दुनिया मे खोई हुई है। फिर टैक्सी ड्राइवर ने जोर से हॉर्न बजाया तो काव्या एकदम से हड़बड़ा गई, अपने चारों तरफ देखा की मैं कहाँ हूँ? 2 सेकण्ड तो उसे यह समझने में लगे कि वो घर से निकली थी और टैक्सी में बैठी थी कही जाने के लिए। लेकिन कहाँ? (काव्या टैक्सी में बैठे-बैठे सोच रही है।)

टैक्सी ड्राइवर - क्या मैडम! आपको उतरना नही है क्या? पिछले 15 मिनट से मैं आपको बुलाने की कोशिश कर रहा हूँ। और

आप हो कि पता नही किस दुनिया मे खोई हो।

काव्या - माफ करना भैया! यह लो आपके पैसे।

काव्या टैक्सी से तो उतर गई लेकिन उसे याद नही आ रहा की उसे जाना कहाँ है। फ़िर उसने चारो तरफ अपनी नज़रे गुमाई और एकाएक उसकी निगाहें एक बिल्डिंग पर जा कर ठहर गई, शायद उस पर किसी कम्पनी का नाम लिखा था। वह नाम पढ़ कर काव्या को याद आया कि आज तो वह

अपने जॉब इंटरव्यू के लिए आई थी, जब उसने अपनी घड़ी में समय देखा तो उसे बहुत देर हो गई थी। वो फटाफट इंटरव्यू देने के लिए रिसेप्शन पर पहुँची, वहाँ जा कर वह उस लाइन में बैठ गई जहाँ बाकी बहुत से लोग इंटरव्यू के लिए आए थे। इतने लोगो को देख काव्या को बहुत घबराहट हो रही थी।

काव्या मन ही मन - इतने लोग आए है यहाँ, मैं अंदर जा कर क्या कहूँगी? क्या मैं इंटरव्यू में पास हो पाऊँगी? क्या मुझे यहाँ जॉब मिलेगी? ऐसा ना हो कि मुझे यहाँ से वापिस कही और जाना पड़े। अगर यहाँ जॉब नही मिली तो मैं कहाँ जाऊँगी? काव्या अपने आप से ही बाते किये जा रही थी ।

तभी काव्या को एक आवाज़ सुनाई दी –

हेलो! आज मेरी मिस्टर खन्ना के साथ मीटिंग है।

वह एक आवाज़ सुन कर काव्या एकाएक अपने ख़यालो से बाहर आ गई। उस आवाज़ में कुछ तो था जो काव्या को बेचैन कर गई। काव्या ने बहुत कोशिश की उस अनजान व्यक्ति का चेहरा देखने की लेकिन वो नाकामयाब रही। पता नही क्यों

लेकिन काव्या ने इतने सालों में ऐसा पहली बार किया था कि किसी को देखने या किसी को जानने की उसमे थोड़ी सी भी इच्छा हुई हो।

लेकिन वह तो अन्दर जा चुका था, फिर क्या था काव्या वापिस गुमसुम अपने आप मे खोई कुछ सोच रही थी। 2-3 बार आवाज़ लगाने के बाद भी काव्या

को सुनाई नही दिया। फिर वहाँ पास में बैठी एक लड़की ने उसे बुलाकर कहा - सुनो! तुम्हारा नम्बर आ गया है तुम्हे शायद अंदर जाना चाहिये।

काव्या - ओह! तुम्हारा बहुत-बहुत धन्यवाद। (अपने विचारों से बाहर निकल कर)

पता नही काव्या किन विचारो में खोई रहती थी? आख़िर ऐसी कौनसी बात है जो काव्या को परेशान किए जा रही थी?

**********

इंटरव्यू के लिए काव्या ने जैसे ही दरवाज़ा खोला वह हड़बड़ाहट में गिरते-गिरते बच गई। तभी वहाँ बैठी कमिटी ने काव्या से कहा - घबराओ नही! आ जाओ। काव्या धीरे से कमरे में आई और कुर्सी पर बैठ गई।

काव्या - क्या मैं पानी पी सकती हूँ? (दबी आवाज़ में पूछते हुए)

मिस्टर खन्ना - जी हाँ! जरूर, आप पानी पीजिये और शांत हो जाइये।

शुरुआत में काव्या थोड़ी घबराई हुई थी लेकिन बाद में जैसे-जैसे उन्होंने सवाल पूछना शुरू किया काव्या ने बेधड़क सारे जवाब दे दिए।

इंटरव्यू के बीच काव्या को फ़िर से वही आवाज़ सुनाई दी - मिस्टर खन्ना! क्या मैं आपसे बात कर सकता हूँ?

मिस्टर खन्ना - ओह..मिस्टर यादव! आइये! आईये।

आपको यहाँ आने के लिए पूछने की जरूरत नही है।

मिस्टर खन्ना ने काव्या से जाने को कहा।

काव्या - जी! मेरा इंटरव्यू?

मिस्टर खन्ना - जितना पूछना था पूछ लिया, अब आप जा सकती हो।

काव्या ने निराश हो कर वहाँ से जाते-जाते मिस्टर यादव को एक नज़र देखा।

ना जाने उन दोनों को ऐसा क्यों लग रहा था कि वो एक-दूसरे को जानते है।

काव्या वहाँ से निकल कर सीधा अपने फ्लैट पर चली गई।

जैसे ही काव्या वहाँ पहुची उसके ऊपर सवालों की वर्षा शुरू हो गई।

नंदिनी - क्या हुआ तुम इतना जल्दी कैसे आ गई? तुम्हारा इंटरव्यू हो गया क्या? क्या पूछा उन्होंने? तुम इन्टरव्यू देने गई तो थी ना? तुम्हे क्या लगता है? तुम्हे जॉब मिल तो जाएगी ना? तुम...अरे सुनो काव्या।

काव्या बिना किसी सवाल का जवाब दिए अपने कमरे में जा कर बैठ गई।

काव्या उस एक आवाज़ के बारे में सोचे जा रही थी। आख़िर मैं क्यों उस आवाज़ के बारे में इतना सोच रही हूँ? ऐसा क्या था उस आवाज़ में जो मुझे अपनी औऱ खिंच रही है? क्या मैं मिस्टर यादव को जानती हूँ? नही! नही..ऐसा कैसे हो सकता हैं मैं तो इतने सालों मे किसी से मिली भी नही हूँ।

इधर काव्या परेशान थी उधर मिस्टर यादव, काव्या की एक नज़र में डुबे थे। ना जाने क्यों पर मिस्टर यादव को वो नज़रे बार बार नज़र आ रही थी। काव्या का वो दाई आँख का तिल मिस्टर यादव को परेशान कर रहा था।

तभी मिस्टर यादव ने मिस्टर खन्ना को कॉल किया।

मिस्टर खन्ना - हेलो..मिस्टर यादव! अभी इस वक़्त आपने कॉल किया, सब ख़ैरियत है ना?

मिस्टर यादव - हाँ! सब ठीक है। मैंने तो इतना पूछने के लिए कॉल किया था, कि मैं जब कल आपसे मिलने आपके कैबिन में आया था तब आप जिस लड़की का इंटरव्यू ले रहे थे उसका क्या नाम था?

मिस्टर खन्ना - उसका नाम, एक मिनट मुझे याद नही आ रहा। क्या नाम था...क्या था? अरे हाँ! उसका नाम काव्या था।

काव्या का नाम सुन कर मिस्टर यादव कही खो गए।

मिस्टर खन्ना - मिस्टर यादव! हैलो...मिस्टर यादव! क्या हुआ? मिस्टर यादव आप अभी इस वक़्त उस लड़की का नाम पूछ रहे हो, सब ठीक है ना?

मिस्टर यादव - हाँ मिस्टर खन्ना! सब ठीक है। अच्छा आपने उसको जॉब पर रख दिया क्या?

मिस्टर खन्ना - नही! कल उसको जॉब का नोटिस मेल कर दिया जाएगा।

मिस्टर यादव - अच्छा! तो आप मेरी एक मदद कर सकते हो क्या?

मिस्टर खन्ना - जी बोलिये! मैं आपकी क्या मदद कर सकता हूँ?

मिस्टर यादव - मिस्टर खन्ना! क्या आप उसको मेरा पी.ए. नियुक्त कर सकते है?

मिस्टर खन्ना - हाँ! कर तो सकता हूँ, लेकिन...।

मिस्टर यादव - लेकिन..क्या? मिस्टर खन्ना।

मिस्टर खन्ना - मैं उसे कहूँगा क्या? वो पी.ए. का इंटरव्यू देने नही आई थी। खैर आपका काम हो जाएगा। आपने पहली बार मुझे कुछ काम करने को कहा है।

शुक्रवार की सुबह काव्या को मिस्टर खन्ना की कम्पनी से एक मेल मिला। उसमे लिखा था -"बधाई हो! मिस काव्या, आपको हमारी कम्पनी में जॉब मिल गई है। आपको मिस्टर यादव का पी.ए. नियुक्त किया जाता है।"

काव्या सोच में पड़ गई कि मैं तो पी.ए. का इंटरव्यू देने तो नही गई थी फ़िर मुझे पी.ए. की जॉब कैसे मिल गई?

काव्या ने फिर से वो मेल पढ़ा उसमे मिस्टर यादव का नाम लिखा था। काव्या को वैसे भी उसे जानना था तो काव्या ने बिना सोचे उस जॉब के लिए हाँ कर दी।

काव्या मिस्टर यादव से मिलने के लिए बहुत उत्सुक और बेचैन थी, लेकिन काव्या को सोमवार को जॉब पर जाना था पर शनिवार-रविवार का दिन बीच मे आ रहा था। यह 2 दिन निकाल पाना काव्या को मुश्किल लग रहे थे।

लेक़िन हैरानी की बात तो यह है कि जो काव्या अपने दिल के बाहर हर वक़्त पहरेदार रखती है, वही काव्या किसी से मिलने के लिए इतनी बैचैन हुई जा रही थी। जिसमे तो उसने सिर्फ मिस्टर यादव की आवाज़ ही सुनी थी।

काव्या मन ही मन - उफ्फ़ ये कमबख्त सोमवार कब आएगा। काव्या और मिस्टर यादव दोनों ही एक दूसरे से जल्द से जल्द मिलना चाहते थे।

सोमवार की सुबह काव्या पिछले 1 घंटे से अपनी अलमारी के सामने खड़ी थी, आज उसे पहनने के लिए कुछ मिल नही रहा था। वो पूरी अलमारी के कपड़े बाहर निकाल चुकी थी जिसमे से उसे कुछ पहनने लायक नही लगा। नंदिनी 10 मिनट से काव्या के पीछे खड़ी यह समझने की कोशिश कर रही थी

कि काव्या ढूँढ क्या रही है?

नंदिनी - क्या हुआ काव्या! तुम कुछ ढूँढ रही हो?

क्या मैं तुम्हारी कुछ मदद कर सकती हूँ?

काव्या - नही! मैं कुछ नही ढूँढ रही हूँ। मैं बस क्या पहन कर

ऑफिस जाऊँ यह समझ नही आ रहा है।

आज ऑफिस का पहला दिन है, मुझे अच्छे से तैयार होकर जाना चाहिए ना? मेरे पास तो कुछ भी नही है, मैं क्या पहन कर जाऊँ? ऐसे ही कुछ भी पहन कर जाऊँगी तो वो मेरे बारे में क्या सोचेंगे?

नंदिनी - क्या? कौन क्या सोचेगा? तुम किसकी बात कर रही हो, मन ही मन क्या बड़बड़ा रही हो? (काव्या की बात बीच मे रोकते हुए)

काव्या - कुछ नही! अभी तुम यहाँ से जाओ, देरी हो रही है।

मुझे अभी तैयार भी होना है।

आज काव्या कुछ अलग-अलग सी लग रही थी, हो सकता है आज उसकी जॉब का पहला दिन हो इसलिए इतना ख़ुश हो या यह खुशी किसी और बात की हो।

काव्या मिस्टर यादव के ऑफिस पहुँच चुकी थी। वहाँ जा कर रिसेप्शनिस्ट से - हैलो, मेरा नाम काव्या है। मैं मिस्टर यादव की नई पी.ए.।

रिसेप्शनिस्ट - हैलो मैडम! आइये, मैं आपको उनके कैबिन तक ले चलती हूँ।

काव्या - हैलो सर, मैं काव्या आपकी नई पी.ए.। क्या मैं अंदर आ सकती हूँ?

(काव्या ने दरवाजा खटखटाया)

मिस्टर यादव - हाँ! आईये।

काव्या को एक नज़र देखते ही मिस्टर यादव के होश उड़ गए। काव्या आसमानी रंग की अनारकली कुर्ती में, माथे पर लाल बिंदी, कोई श्रृंगार नही, कुछ नखरे नही। काव्या की सादगी ही उसकी सुंदरता थी।

जैसे ही मिस्टर यादव ने काव्या की आँखों मे देखा वो तो बस काव्या की आँखों मे ही खो गए थे। उनके मन मे गाना बज रहा था -"सामने ये कौन आया दिल मे हुई हलचल, देख के बस एक ही झलक हो गए हम पागल"। पता नही मिस्टर यादव क्या सपना देख रहे थे? उन्हें हक़ीक़त का कुछ भान ही नही था।

काव्या - सर! सर...मिस्टर यादव (कोई जवाब नही)

मेज पर खटखट करते हुए मिस्टर यादव!

मिस्टर यादव - हाँ! ओह...मिस काव्या! प्लीज बैठिए।

तो काव्या यह तो तुमने सोचा ही होगा कि तुम इन्टरव्यू देने तो मिस्टर खन्ना के ऑफिस गई थी, लेकिन जॉब तुम्हे यहाँ मिली है वो भी पी.ए. की। दरअसल बात यह है कि

जिस तरह से तुम इंटरव्यू दे रही थी उससे मैं बहुत प्रभावित हुआ हूँ। इसलिये मैंने मिस्टर खन्ना को तुम्हे मेरे ऑफिस में जॉब देने को कहा।

काव्या - धन्यवाद सर! आपने मुझे इस काबिल समझा।

मिस्टर यादव - अच्छा! अब मैं तुम्हे तुम्हारा काम समझा देता हूँ

कि तुम्हे क्या-क्या करना है?

मिस्टर यादव ने काव्या को सब कुछ समझा दिया था और काव्या को एकदम उनके सामने वाला कैबिन दिया था। जहाँ से उन्हें काव्या हर पल नज़र आती रहे।

काव्या बहुत समझदार थी और काम भी मन लगा कर करती थी। काव्या को ऑफिस में आए हुए 2 महीने ही हुए थे, कभी-कभी उससे कोई गलती भी हो जाती थी। मिस्टर यादव काव्या का बहुत ध्यान रखते थे, ऑफिस में कोई काव्या को कुछ नही कहता था चाहे वो देरी से आए या उससे कुछ गलती हो जाए।

काव्या भी यह सब देख कर सोच में थी कि आखिर यह मेरा इतना ध्यान क्यों रखते है? क्या हम एक-दूसरे को जानते है? क्यों मिस्टर यादव मेरे लिए इतना कुछ करते है? आख़िर कौन है यह मिस्टर यादव?

काव्या पिछले 6 महीने से मिस्टर यादव के यहाँ जॉब कर रही थी औऱ यह जानने के लिए परेशान थी कि आख़िर मिस्टर यादव कौन है?

दूसरी तरफ़ मिस्टर यादव बस काव्या की निगाहों में खोए रहते। मिस्टर यादव को काव्या की दाई आँख का तिल बहुत पसंद था।

एक दिन जब काव्या और मिस्टर यादव काम कर रहे थे तब मिस्टर यादव ने काव्या से कहा -"काव्या तुम्हारी आँख का तिल बहुत सुन्दर है। यह तुम्हारी ख़ूबसूरती को हज़ार गुना बढ़ाता है।"

यह बात सुन कर पता नही क्यों लेक़िन काव्या को कुछ जाना पहचाना लगा। काव्या को यह बात पहले भी कही सुनी हुई और अपनी लगी।

मिस्टर यादव वहाँ से जा चुके थे। काव्या उस बात को सोच-सोच कर परेशान हो रही थी। 2 दिन बीत गए लेक़िन काव्या को कुछ समझ नही आया। दिन-रात काव्या के दिलो-दिमाग मे यही बात चल रही थी।

अगले दिन काव्या मिस्टर यादव के कैबिन में गई और आवाज़ दी

-"विशाल! विशाल.."

मिस्टर यादव - काव्या! तुम आ गई? और तुम किसे आवाज़ लगा रही हो?

काव्या - अब बनो नही, मैं तुम्हे ही आवाज़ लगा रही हूँ। तुम ही विशाल हो।

मिस्टर यादव - कैसी बाते कर रही हो? तुम किस विशाल की बात कर रही हो

मैं कोई विशाल नही हूँ।

काव्या चुप चाप वहाँ से जाने लगी तभी मिस्टर यादव ने काव्या को आवाज़ लगाई -अच्छा सुनो! जाते-जाते यह तो बताते जाओ की पिछले इतने सालों से तुम कहाँ थी?

काव्या यह सुनते ही दौड़ कर गई और मिस्टर यादव को गले से लगा दिया और रोने लगी - विशाल कहाँ थे तुम? मुझे तुम्हारी बहुत याद आई। तुम्हारे बिना तो मैं बिल्कुल अकेले हो गई थी।

विशाल - मैं कहा गया था, मैं तो वही था। छोड़ कर तो तुम मुझे गई थी। जाने के बाद एक बार भी मुझसे मिलने नही आई और ना ही कभी बात करने की कोशिश की। मैंने तुम्हें कहाँ-कहाँ नही ढूँढा। तुम्हारे काका जी के यहाँ भी पता किया लेकिन वहाँ भी कुछ बात नही हुई। बाद में पता चला कि तुम तो वहाँ हो ही नही।

काव्या! सब ठीक है ना? कहाँ चली गई थी तुम?

तुम्हे पता है मैं कितना परेशान हो गया था।

काव्या - अरे! अब रुको भी, कब से बोले जा रहे हो मुझे कुछ बोलने का मौका तो दो।

विशाल! तुम्हे तो पता ही है मैं किन हालातों में गाँव छोड़कर आई थी। माँ के जाने के बाद एकदम अकेली हो गई थी वो तो तुम थे जिसने मुझे संभाल लिया। फिर काका जी के वहाँ गई वहाँ मुझे प्यार नही मिला, मैं वहाँ से निकल कर एक पंडित जी के यहाँ चली गई। उन्होंने मेरी बहुत मदद की उनकी बदौलत मैंने अपनी पढ़ाई पूरी की और आज यहाँ तुम्हारे सामने खड़ी हूँ।

विशाल - काव्या! तुम्हे पता है, मैंने तुम्हें कितना याद किया। कोई दिन ऐसा नही जाता था जब तुम्हारी याद नही आती हो। वैसे तुम तो इतने सालों मे और भी सुन्दर हो गई हो। जब मैंने तुम्हें यहाँ पहली बार देखा तब मुझे तुम पहचान मे ही नही आई, लेक़िन ऐसा लगा कि मैं तुम्हे जानता हूँ। पर तुम्हारी आँख के तिल से मैंने तुम्हें उसी दिन

पहचान लिया था। "काव्या! आज भी तुम्हारी आँख का तिल उतना ही सुन्दर लगता हैं। यह तुम्हारी ख़ूबसूरती को हज़ार गुना बढ़ाता हैं।"

काव्या - विशाल! अगर तुम मुझे पहचान गए थे तो तुमने मुझे उस वक़्त क्यों नही बताया?

विशाल - अगर मैं तुम्हे उसी वक़्त बता देता की मैं ही विशाल हूँ तो तुमने जो इतने सालों से अपने दिल के बाहर पहरेदार बैठा रखा था, जो तुम्हारे मन तक कोई एहसास को आने ही नही देता। तो ऐसे में तुम्हारे मन मे यह हलचल कैसे होती? काव्या मैं तुम्हें तब भी प्यार करता था और आज भी उतना ही प्यार करता हूँ, एक बार अपने दिल का दरवाजा खोल कर मुझे उसमे जगह दे कर तो देखो।

काव्या - मुझे माफ़ करना विशाल, मैं तुम्हारी भावनाओ को समझ नही पाई। पहले मुझे सिर्फ पढ़ाई ही नज़र आती थी, फिर माँ के जाने के बाद मैं बहुत डर गई थी कि

जिससे मैं प्यार करती हूँ वो सब मुझे छोड़ कर चले गए तो। विशाल तुम बहुत अच्छे हो तुमने कभी भी मुझे दुःखी नही होने दिया।

विशाल - काव्या! मैं तुमसे बहुत प्यार करता हूँ, क्या तुम मेरी ज़िन्दगी बनोगी? क्या तुम मुझसे शादी करोगी? (काव्या का हाथ पकड़ते हुए)
काव्या ने थोड़ा सोचते हुए और शर्माते हुए विशाल को हाँ कर दी।

विशाल - अच्छा काव्या! फिर उस पहरेदार का क्या होगा? (काव्या को चिढ़ाते हुए)
काव्या - उसे मैंने हमेशा के लिए अपने काम से फ़्री कर दिया। अब मेरे दिल का कोई पहरेदार नही है, अब इसमें सिर्फ़ तुम हो।
(दोनों साथ मे हँस पड़े)
तो यह थी विशाल और काव्या की प्रेम कहानी।

-----------------------------------

# मेरी दुनियाँ

यह कहानी है 18 वर्ष की एक सुलझी हुई, थोड़ी नटखट पर बहुत ही समझदार, अपने परिवार से बहुत प्यार करने वाली सबकी लाडली "प्रिया" की ।

वैसे तो प्रिया बहुत समझदार थी लेक़िन उसकी चुलबुली मस्ती से उसका पूरा परिवार परेशान रहता था। दादा-दादी, मम्मी-पापा, उसका छोटा सा संसार है। प्रिया उसके घर-परिवार की जान है।

दामिनी - प्रिया! कहाँ हो बेटा तुम?

प्रिया - क्या हुआ मम्मी? मैं अपने कॉलेज का काम कर रही हूँ।

आपको कुछ काम था क्या?

दामिनी - हाँ बेटा! तुम भूल गई, आज रविवार है और आज तुम्हें खाना बनाना है।

प्रिया - मम्मी प्लीज, आज नही आज मेरा बिल्कुल मन नही है।

दामिनी - लेकिन खाना तो तुम्हें ही बनाना पड़ेगा।

प्रिया - दादी! मम्मी को बोलो ना, आज मेरा बिल्कुल मन नही है।

कांता - प्रिया बेटा! तुम्हारी मम्मी गलत नही कह रही है। पूरा सप्ताह तुम अपने कॉलेज के काम में व्यस्त रहती हो। एक रविवार ही तो मिलता है जब तुम चूल्हे-चौके में थोड़ा हाथ बटाती हो। और अब तुम 18 साल की हो गई हो तुम्हारी शादी की उम्र भी हो गई है।

प्रिया - दादी! क्या आप भी? मैं कोई शादी-वादी नही करने वाली। मैं आप लोगों को छोड़ कर नही जाने वाली।

कांता - देखो बेटा! अभी कोई तुम्हारी शादी नही करवा रहा है। जब तुम बोलोगी तभी तुम्हारी शादी होगी।

प्रिया - लेकिन दादी..! अच्छा ठीक है, आप कहती हो तो ठीक है। अभी मैं रसोई मे मम्मी की थोड़ी मदद कर लेती हूँ।

प्रिया की दादी "कांता" और मम्मी "दामिनी" गृहणी है, वह प्रिया को घर का सब काम सिखाते है। उसे वो सब सिखाते है जो एक सुशील और गुणवान बहु बनने के लिए जरूरी हो। वही उसके दादा और पापा अपनी ख़ुद की दुकान चलाते हैं और प्रिया को व्यवसाय की जानकारी देते है।

एक तरफ प्रिया रविवार को घर का काम सीखती है वही दूसरी तरफ़ वह हर शाम को अपने पापा के साथ दुकान संभालती है।

बहुत ही हँसी ख़ुशी से देखते ही देखते 2 वर्ष बीत गए। अब प्रिया लगभग 20 वर्ष की हो गई। कजरारे नैन, दूध सा सफ़ेद रूप, ऊपर से चाशनी जैसी बातें। प्रिया अब सबकी नज़रो में आने लग गई थी।

कांता - प्रिया बेटा! खाना बन गया क्या?

प्रिया - हाँ दादी! बस 10 मिनट, खाना बन ही गया है।

कांता - ठीक है बेटा! जब खाना बन जाए तब मुझे आवाज़ लगा देना तब तक मैं बाहर आँगन में बैठी हूँ।

प्रिया - जी दादी।

कांता बहन आँगन मे बैठी थी तभी रमा काकी जो 4 घर छोड़ कर रहती हैं वो वहाँ से निकल ही रही थी कि कांता बहन ने आवाज़ लगाई।

कांता - ओह रमा दीदी! आप कहाँ जा रही है? बहुत दिन बाद मिली हो।

रमा - मैं तो बस बाजार से कुछ सामान लेने निकली थी।

आप इस वक़्त यहाँ बाहर क्यों बैठे हो?

कांता - कुछ नही! प्रिया ने कहा खाना बनने मे थोड़ा वक्त है,

तो सोचा थोड़ी देर बाहर बैठ जाती हूँ।

रमा - क्या हमारी प्रिया इतनी बड़ी हो गई है, कि वो

अब रसोई का काम करने लग गई है?

कांता - हाँ रमा बहन! हमारी लाड़ो अब बहुत समझदार हो गई है,

वह बहुत अच्छा खाना बना लेती है।

रमा - वैसे कांता बहन! हमारी प्रिया कितने बरस की हो गई है?

कांता - प्रिया लगभग 20 बरस की हो गई है।

रमा - अच्छा 20 बरस की हो गई? तब तो

अब प्रिया के लिए लड़का ढूँढ लेना चाहिये।

कांता - लेकिन प्रिया तो शादी के लिए मना कर रही है।

और उसकी मर्ज़ी के बिना लड़का कैसे देखे?

रमा - देखो कांता बहन! वो जो भी हो लेकिन वक़्त तो हो गया है और वैसे भी भारतीय घरों मे लड़की की शादी जल्दी ही करवा देते है। प्रिया तो फिर भी 20 बरस की हो गई है।

कांता - हाँ बहिन! वैसे तो तुम ठीक ही कह रही हो। प्रिया की उम्र तो हो गई है, मैं प्रिया से इस बारे में बात करती हूँ।

प्रिया - दादी! दादी..खाना लगा दिया है।

कांता - बस आई बेटा। अच्छा रमा बहन मैं चलती हूँ अगर आपके ध्यान में कोई अच्छा रिश्ता हो तो बताना।

रमा - बिल्कुल कांता बहन! आख़िर प्रिया भी तो मेरी ही बेटी है।

प्रिया - क्या बात है दादी? आज तो आप रमा काकी से बहुत बाते कर रही थी। और मुझे सब पता है वो क्या कह रहे थे? लेकिन दादी मैं कह देती हूँ मुझे शादी नही करनी है। मैं आप लोगों को छोड़ कर कही नही जाने वाली।

कांता - रमा बहन तो बस ऐसे ही कह रही थी। करना ना करना तो अपने हाथ मे है ना? तुम चिंता मत करो।

वैसे बेटा! तुम्हारी मम्मी दिख नही रही है, कही बाहर गई है क्या?

प्रिया - हाँ दादी! मम्मी सामान लेने बाजार गए है।

कांता - अच्छा! ठीक है, तब तक मैं खाना खा लेती हूँ।

अब कांता बहन के मन मे यह बात बैठ गई। वो जल्द से जल्द अपने पति और बहू-बेटे से बात करना चाहती थी। कांता बहन को प्रिया के लिए एक अच्छा लड़का ढूँढना था। वह बस एक सही समय का इंतज़ार कर रही थी।

***********

रविवार का दिन बुरड़ परिवार के लिए बहुत ख़ास होता था। क्योंकि सप्ताह के 6 दिन तो सब अपने-अपने कामो में व्यस्त रहते थे, तो किसी को बात करने का समय ही नही मिल पाता था। लेकिन रविवार को सुबह का नाश्ता सबका साथ मे ही होता था। उस वक़्त परिवार के सब लोग साथ मे बैठ कर सिर्फ़ अपने सप्ताह भर की अच्छी बुरी बातें एक-दूसरे से बाटते थे। कांता बहन सही वक्त के इंतज़ार मे थी कि कब वो प्रिया की शादी की बात सबसे कर सके। फिर मौक़ा देख कर कांता बहन ने

अपने बेटे प्रवीन से बात करने की सोची।

कांता - वैसे प्रवीन बेटा! हमारी प्रिया कितनी बड़ी हो गई है ना?

देखते ही देखते वो अब 20 बरस की हो गई है।

प्रवीन - हाँ माँ! आप सही कह रही हो, बेटियाँ कितनी जल्दी बड़ी हो जाती हैं।

दामिनी अपनी सास की बात समझ रही थी कि वो

किस तरफ़ इशारा करना चाहती है।

दामिनी - वैसे मम्मी जी! आज आप अचानक प्रिया की बात क्यों कर रही हो? आपके मन मे क्या चल रहा है?

कांता - देखो बेटा! मैं तो बस इतना कहना चाहती हूँ कि अब अपनी लाड़ो बड़ी हो गई है, अब इसके लिए कोई अच्छा घर परिवार ढूँढ

कर इसके हाथ पीले कर देने चाहिये।

प्रिया - दादी! आप वापिस यह बात ले कर बैठ गई हो। जब से रमा काकी ने आपको यह कहा है तब से आप इसी बात पर अटकी हो

मुझे अभी कोई शादी नही करनी है।

दामिनी - प्रिया बेटा! तुम्हारी दादी कुछ गलत नही कह रही है। और कौनसा अभी तुम्हारी शादी करवा रहे है? हम तो सिर्फ बात कर रहे हैं।

प्रिया - लेकिन मम्मी! मुझे आप सबको छोड़ कर नही जाना है।

कांता - लाड़ो, मैं भी तो अपना घर छोड़ कर आई हूँ और तुम्हारी मम्मी भी तो अपना घर छोड़ कर यहाँ आई है। अभी तो तुम्हारे लिए लड़का देखेंगे फिर तुम्हे पसंद आएगा तो ही आगे बात करेंगे। बेटा इसमें भी साल भर निकल जाएगा ।

प्रिया - ठीक है दादी! आप को जैसा सही लगे। (थोड़ा दुखी होते हुए)

कांता - अभी तो दुखी हो रही हो लेकिन जब तुम्हे कोई लड़का पसंद आ जाएगा तब तुम्हारे ही मन में लड्डू फूटेंगे। (प्रिया को छेड़ते हुए)

प्रिया - क्या दादी! आप भी। मैं जा रही हूँ अपना काम करने।

कांता - अरे प्रिया बेटा! सुनो तो..

सुरेश - वैसे श्रीमती जी! आपने अपनी पोती के लिए क्या सोचा है?

कांता - अब बस एक अच्छा सा राजकुमार मिल जाए अपनी प्रिया के लिए। और फ़िर हमारी प्रिया जहाँ कही भी रहे खुश रहे।

सुरेश - अच्छा! तो मैं आज ही अपने पंडित जी को बुला लेता हूँ। उनसे कह देता हूँ की अपनी लाड़ो के लिए एक से बढ़कर एक राजकुमारों की तस्वीरें लेकर आए।

कांता - जी! यह आपने अच्छा सोचा।

सुनो बहु! पंडित जी आएँगे तो तुम तैयारी कर लेना।

दामिनी - जी, मम्मी जी! मैं तैयारी कर लूँगी।

कांता - चलो तो अभी सब अपने-अपने कामो मे लग जाओ।

सब अपना-अपना काम करके 1:00 बजे खाना खाकर हॉल मे बैठ गए थे। सभी पंडित जी के आने का इंतजार कर रहे थे।

प्रिया - दादी! आप सबको इतना जल्दी मुझे इस घर से क्यों भेजना है? मुझे अभी कही नही जाना है, मुझे यही आप लोगों के साथ रहना है।

प्रिया अपनी दादी से बात कर ही रही थी, तभी पंडित जी का आगमन हुआ।

पंडित जी - प्रिया बेटा! एक बार जब तुम लड़कों की
तस्वीर देख लोगी बाद मे ऐसा नही बोलोगी।

सुरेश - अरे पंडित जी! आप?

पंडित जी - जी नमस्ते! क्या मैं अंदर आ सकता हूँ?

कांता - हाँ-हाँ जरूर! आइये।

सुरेश - बिराजिये! कैसे है आप?

पंडित जी - जी एकदम सकुशल।

कांता - आपको घर आने मे कोई तकलीफ तो नही हुई?

पंडित जी - कैसी बात कर रही है बहन? अपने ही घर आने मे भला कैसी तकलीफ।

प्रिया ने पंडित जी को प्रणाम किया। आशीर्वाद में

पंडित जी - बहुत जल्द तुम्हारी शादी हो।

यह सुनकर सभी मुस्कुराने लगे और प्रिया थोड़ा शर्माकर और थोड़ा सा चिढ़कर अपने रूम मे चली गई।

कांता - तो पंडित जी! बताइए हमारी लाडो के लिए किन-किन राजकुमारों की तस्वीर लाए हो?

पंडित जी - अरे बहन! एक से बढ़कर एक रिश्ता लाया हूँ अपनी राजकुमारी के लिए।

सुरेश - अच्छा दिखाओ, आखिर हम भी तो देखें कि आप किस-किस का रिश्ता लाए हो?

पंडित जी ने अपना पिटारा खोला और उसमें से एक-एक तस्वीर निकाल कर सभी को विस्तार मे लड़कों के बारे मे बताने लगे।

सभी बारी-बारी एक-एक तस्वीर देख रहे थे।

पंडित जी ने कम से कम 15 से 20 रिश्ते प्रिया के लिए दिखाए, उसमें से सभी घर वालो को सिर्फ एक तस्वीर पसंद आई। जो प्रिया की पसंद से मिलता हो।

कांता - अच्छा पंडित जी! यह लड़का कौन है?

पंडित जी - अरे बहन! मेरे लाए हुए सारे रिश्तो में यह लड़का सबसे गुणवान है। इसका नाम सूरज है यह अपने परिवार के साथ अपने शहर से थोड़ी ही दूर रहता है। भरा-पूरा परिवार है, स्वभाव से एकदम शांत, रूप रंग में एकदम खास और अपने परिवार का लाडला है। परिवार में सूरज की मम्मी सुष्मा, पापा दिनेश, सूरज, और छोटी बहन स्वीटी।

सुरेश - आपका बहुत-बहुत धन्यवाद पंडित जी। लीजिए! आप नाश्ता लीजिए तब तक चाय भी बन जाएगी। हम सब इस लड़के के बारे मे सोच कर आपको जल्द ही बताते है। फिर आप एक बार प्रिया और सूरज की कुंडली मिला लीजिएगा।

पंडित जी - जी बिल्कुल! अगर आप कहे तो मैं अभी मिला देता हूँ और अगर आप कहे तो कुंडली बाद मे मिला लेंगे। जैसा आप लोगों को उचित लगे।

सुरेश - ठीक है पंडित जी! मैं अपने बेटे को कहकर आपको कुंडली भिजवा दूँगा। आप बाद में मिला लीजिएगा।

पंडित जी - जैसा आप कहे। जी आपका जो भी जवाब हो, जो भी फैसला हो,आप मुझे बता दीजिएगा फिर आगे की बात बाद मे करते है।

अच्छा! तो अब मैं चलता हूँ आज्ञा दीजिए।

पंडित जी के चले जाने के बाद कांता बहन ने पूरे घरवालों से सलाह-मशवरा किया, सभी को सूरज पसंद था।

दामिनी - अब बस प्रिया को ही पूछना बाकी है कि उसे सूरज पसंद है या नही? लेक़िन मम्मी जी! प्रिया से यह बात पूछेगा कौन?

सब एक-दूसरे की तरफ़ देखने लगे कि प्रिया से पूछेगा कौन?

कांता - तुम सब चिंता मत करो मैं कल ही प्रिया से बात करती हूँ।

अब सभी को बस प्रिया के जवाब का इंतज़ार था ।

***********

अगली सुबह कांता बहन ने प्रिया से बात करने की सोची। वह उस लड़के की तस्वीर के साथ प्रिया के कमरे में पहुँच गई। प्रिया एकदम सुकून की नींद सोई थी। उसे देख कांता बहन बस उसे एक नज़र देखे जा रही थी।

कांता - प्रिया बेटा! उठो बेटा! सुबह हो गई है।

प्रिया - क्या दादी! सोने दो ना थोड़ी देर। अभी तो जल्दी है ना।

कांता - अरे प्रिया बेटा! तुम्हे कुछ दिखाना है, उठो तो सही।

प्रिया - क्या हुआ दादी? क्या दिखाना है आपको?

कांता - तुम पहले उठो तो। तुम्हारे लिए एक बहुत अच्छा रिश्ता आया है। और मैं तुम्हारे लिए एक लड़के की तस्वीर लाई हूँ।

प्रिया - दादी! मुझे कोई तस्वीर नही देखनी है। मुझे सोने दो ना।

कांता - अरे बेटा! एकदम राजकुमार है, एक नज़र देख तो लो।

प्रिया - नही! मुझे नही देखना है।

कांता - अच्छा! ठीक है, मैं तुम्हारी क़िताब के नीचे रख कर जा रही हूँ। जब तुम्हारा मन हो तब तुम देख लेना।

(इतना कह कर कांता बहन प्रिया के कमरे से चली गई लेकिन वो दरवाज़े के किनारे खड़ी हो गई। वह यह देखना चाहती थी कि प्रिया वो तस्वीर देखती है या नही?)

तभी प्रिया नींद से उठी, उठकर बैठ गई और अपनी आँखें मलने लगी। एकाएक उसकी नज़र उसकी किताब के नीचे रखे लिफ़ाफ़े पर पड़ी। क़िताब के नीचे रखे लिफ़ाफ़े का एक कौना थोड़ा बाहर निकला हुआ था, मानो वो किताब के बाहर झाँक रहा हो और प्रिया से कह रहा हो मुझे देखो।

प्रिया ने एक बार तो उस लिफाफे को नजरअंदाज कर दिया लेकिन अगले ही पल उसने उस लड़के की तस्वीर देखनी चाही। उसने लिफाफा खोला और उस तस्वीर को निकाला। प्रिया सिर्फ़ उस लड़के की आँखे ही देख पाई, तभी कांता बहन दरवाजे के पीछे से बाहर आ गई।

कांता - क्यों प्रिया बेटा! तुम्हें तो लड़के की तस्वीर नही देखनी थी ना? शादी भी नही करनी थी, फिर अब क्यों देख रही हो?

प्रिया - दादी अभी मुझे नींद आ रही हैं, बाद मे बात करूँगी। (प्रिया लिफाफा रख कर कम्बल ओढ़ कर सो गई।)

कांता बहन प्रिया के दिल की बात समझ गई औऱ वहाँ से चली गई।

कांता बहन के चले जाने के बाद प्रिया ने उस तस्वीर को निकाल कर देखा। जब से प्रिया ने उस लड़के की तस्वीर देखी तब से कही ना कही प्रिया को उस लड़के से मिलने की इच्छा हो रही थी।

बुरड़ परिवार के यहाँ फिर से एक रविवार आया। पिछले रविवार प्रिया से शादी की बात कर रहे थे, हफ़्ते भर में लड़का भी ढूँढ लिया। आज फिर पूरा परिवार एक साथ बैठ कर बाते कर रहा था।

कांता - क्यों प्रिया बेटा! तुमने लड़के की तस्वीर देखी की नही? क्या तुम्हें वो लड़का पसन्द है? अगर तुम कहो तो हम बात आगे बढ़ाए।

प्रिया - क्या दादी! आप भी, सब जानते हुए भी ऐसा पूछ रही हो। आपको नही पता कि मैं क्या चाहती हूँ? (थोड़ा शर्माते हुए बोली)

कांता - शायद पता हो लेक़िन हम सब तुमसे जानना चाहते है कि तुम्हें क्या पसन्द है, तुम्हे क्या चाहिये?

प्रिया - मुझे कुछ नही बताना, मैं जा रही हूँ। (प्रिया शर्माते हुए वहाँ से चली गई।)

उसका यूँ शर्माते हुए वहाँ से जाना एक संकेत दे रहा था कि उसकी तरफ़ से हाँ है। सभी घरवाले इस बात से ख़ुश थे कि प्रिया की हाँ है।

कांता - प्रिया को ऐसे शर्माते हुए यहाँ से चले जाना।

इसका मतलब शायद प्रिया की तरफ से हाँ है।

दामिनी - लेक़िन..(दामिनी अपनी साँस की तरफ़ देखते हुए)

कांता - क्या हुआ दामिनी?

दामिनी - मम्मी जी! वो..एक बार प्रिया से सुन लेते तो तसल्ली हो जाती। फिर हम बात आगे बढ़ाते तो मन मे कोई शंका नही रहती।

कांता - उसकी चिंता तुम मत करो दामिनी। मैं ख़ुद प्रिया से बात करूँगी, मुझे पता है उसकी हाँ ही होगी।

दामिनी - अच्छा ठीक है मम्मी जी। आप एक बार प्रिया से पूछ लीजिये, फ़िर हम पंडित जी को बुला कर मिलने का दिन और समय तय कर लेंगे।

कांता बहन तुरंत ही प्रिया से बात करने चली गई।

कांता - प्रिया बेटा! मैं जानती हूँ कि तुम्हें अभी समझ नही आ रहा है कि तुम्हें क्या करना चाहिये? तुम्हारे लिये क्या सही है क्या नही? तुम्हे लड़का पसन्द है तो हाँ कहो, नही तो कोई जबरदस्ती नही है। और वैसे भी अभी तो सिर्फ मिलने को कह

रहे है, बाद में अगर तुम्हें पसंद आए तो हाँ कहना नही तो मना कर देना। लेकिन बेटा तुम्हारे मन मे जो भी हो तुम बता दो।

प्रिया - दादी! वो...

कांता - हाँ बोलो बेटा! क्या हुआ?

प्रिया - क्या आपको लड़का पसन्द है?

कांता - हाँ बेटा! परिवार के सभी लोगो को सूरज पसन्द है।

प्रिया - सूरज..? (प्रिया थोड़ा मुस्कुराते हुए)

कांता - हाँ! उसका नाम सूरज है।

प्रिया - दादी! आप कहती हो तो मैं एक बार उस लड़के से मिल लेती हूँ। इतना कहकर प्रिया शर्मा कर वहाँ से दौड़ी चली गई।

कांता - मिठाई लाओ, मुँह मीठा कराओ। अरे दामिनी, अजी सुनते हो! बेटा प्रणव! मिठाई लाओ प्रिया ने हाँ कर दी है। कोई तो पंडित जी को फोन करो। उन्हें घर बुलाओ, मिलने का दिन और समय तय करना है। कोई सुनता क्यों नही? जल्दी करो।

दामिनी - क्या हुआ मम्मी जी? आ रहे है, आपकी तो खुशी का ठिकाना ही नही लग रहा।

कांता - हाँ दामिनी! हमारी बेटी ने लड़के से मिलने के लिए हाँ कर दी है। यह सुनकर सभी बहुत खुश हुए। तभी पंडित जी को फोन करके सूरज से मिलने का समय तय कर लिया। सूरज और उसके घर वाले 3 दिन बाद गुरुवार को प्रिया को देखने आने वाले है।

कांता - दामिनी! 3 दिन, सिर्फ़ 3 दिन में लड़के वाले हमारी लाडो को देखने आने वाले हैं। 3 दिन में तैयारियाँ कैसे होगी?

दामिनी - मम्मी जी! आप क्यों इतनी चिंता कर रही हो? हमारे पास 3 दिन है और कौन सा वह बारात लेकर आने वाले है? सिर्फ देखने ही तो आ रहे है। सब हो जाएगा आप शांत हो जाइए।

अब सभी को गुरुवार का इंतजार था खास कर के प्रिया को।

***********

गुरुवार की सुबह-सुबह घर मे भगदड़ मची थी। कोई इधर कोई उधर।

कांता - अरे जल्दी करो! चलो-चलो हाथ बढ़ाओ, समय हो रहा है। तुम सब बहुत धीरे-धीरे काम कर रहे हो, थोड़ा जल्दी करो।

दामिनी - मम्मी जी! आप यहाँ बैठिये। अभी तो बहुत टाइम है, सब समय से हो जाएगा।

कांता - लेकिन दामिनी! वह लोग कभी भी आते ही होंगे।

दामिनी - मम्मी जी! आप चिंता मत करिए, आप यहाँ बैठिये।

कांता बहन अपनी ही चिंता मे थी, वही दूसरी तरफ़ प्रिया का हाल बेहाल था।

प्रिया - आज सूरज मुझे देखने आने वाला है। मैं क्या पहनूँ? हमारी मुलाक़ात कैसे होगी? मैं कैसे बात करूँगी? (मन ही मन)

प्रिया के मन मे बहुत से सवाल चल रहे थे। ख़ुद से बाते करते-करते उसने लगभग पूरी अलमारी खाली कर दी।

(कांता बहन कमरे मे आई औऱ चारों तरफ़ कपडे बिखरे पड़े देखे।)

कांता - बेटा! यह तुम क्या कर रही हो? तुम्हारा पूरा कमरा बिखरा पड़ा है।

प्रिया - दादी! मुझे कुछ समझ नही आ रहा है कि मैं क्या पहनूँ? कुछ अच्छा नही है मेरे पास। (दुःखी होते हुए)

कांता - इतनी सी बात, तुम्हारी समस्या मैं अभी सुलझा देती हूँ। लो तुम यह पहन लो।

प्रिया - दादी इसमें क्या है?

कांता - तुम खुद खोल कर देख लो।

प्रिया - दादी! साड़ी..? कितनी सुंदर साड़ी है।

कांता - यह साड़ी तब की है जब तुम्हारे दादा जी मुझे पहली बार देखने आए थे। तब मेरी मम्मी ने यह साड़ी मुझे पहनने के लिए दी थी। आज तुम्हें भी सूरज देखने आ रहा है, इसलिए मैं चाहती हूँ कि तुम भी यही साड़ी पहनो।

अगर तुम्हें पसंद हो तो।

प्रिया - दादी! यह तो बहुत ही सुंदर साड़ी है। मैं यही पहन लेती हूँ और रानी कलर तो मुझे बहुत पसंद है।

कांता - अच्छा! ठीक है बेटा! तुम जल्दी से तैयार हो जाओ, मैं नीचे तुम्हारा इंतजार कर रही हूँ।

प्रिया - ठीक है दादी! मैं तैयार हो कर आती हूँ। प्रिया रानी कलर की साड़ी पहनकर तैयार हो गई। प्रिया के हाथों में गुलाबी चूड़ियाँ, माथे पर बिंदी और कान में झुमके क्या जच रहे थे। वह लगभग 11:00 बजे में तैयार हो गई, लेकिन सूरज अभी तक नही आया था। वह बेसब्री से उसका इंतजार कर रही थी। लगभग एक घंटा इंतजार करने के बाद करीब 12:30 बजे दरवाजे की घंटी बजी। प्रिया का दिल मानो यह देखने के लिए बेकरार हो रहा था कि दरवाजे पर कौन है?

प्रवीन ने दरवाजा खोला तो सूरज अपने परिवार के साथ बाहर खड़ा था। प्रवीन ने सूरज और उसके परिवार को अंदर बुलाया सब एक- दूसरे से मिल रहे थे।

तभी सूरज की नजर ऊपर खंबे के पीछे छिपी हुई प्रिया पर पड़ी, उसकी नजर मानो प्रिया पर ही थम सी गई। गुलाबी रंग की साड़ी, खुले बाल, कान के झुमके, उसकी जुल्फें बार-बार उसके चेहरे पर आ रही थी। उसके झुमके जैसे सूरज को कुछ कह रहे हो ।

सूरज और प्रिया बिना मिले ही उस पहली नजर में एक-दूसरे मे खो गए थे।

कांता - क्या हुआ सूरज बेटा! तुम कहाँ खो गए? अंदर आओ! बैठो।

सूरज - जी..! कही नही।

तब सभी एक-दूसरे को देख कर मुस्कुराने लगे। सब बातचीत कर रहे थे। दामिनी ने नाश्ते की प्लेट लगाई, उसने अलग-अलग तरह के व्यंजन और पकवान लगाए थे। लेकिन सूरज की नजरें तो बस प्रिया को ही ढूँढ रही थी।

सूरज की मम्मी(सुष्मा) - जी! अभी, प्रिया को बुलवा लीजिए।

कांता - जी! बिल्कुल।

दामिनी! जाओ, प्रिया को ले आओ।

दामिनी - जी! मम्मी जी।

दामिनी प्रिया को लेने चली गई।

दामिनी - चलो बेटा। अच्छा सुनो, चाय भी लेते जाओ।

प्रिया थोड़ी सी घबराई और शरमाई हुई थी। वह चाय की ट्रे लेकर वहाँ गई और एक-एक करके सभी को चाय देने लगी। जब सूरज को चाय देने की बारी आई और जब उसने सूरज की आँखों मे देखा तब वह एक-दूसरे की आँखों मे खो गए। उन्हें आसपास क्या हो रहा है कुछ खबर नही थी।

कांता - क्या हुआ प्रिया बेटा? तुम कहाँ खो गई? ना सूरज कुछ बोल रहा है ना तुम। सूरज को चाय दो।

प्रिया - जी दादी! इतना कहकर प्रिया वहाँ से शर्मा कर चली गई।

कांता बहन को समझ आ गया था की इन दोनों की तरफ से हाँ ही होगी। लेकिन वह दोनों के मुँह से सुने बिना कोई फैसला नही लेना चाहती थी।

कांता - सुष्मा जी! अगर आप लोगों को सही लगे तो दोनों बच्चों को बात करने के लिए भेज देना चाहिए।

सुष्मा - जी बिल्कुल! क्यों नही?

सूरज और प्रिया घर की छत पर बात करने के लिए चले गए। वहाँ दो चाय के कप, कुछ नाश्ता और पानी की गिलास रखी हुई थी। प्रिया और सूरज दोनों को नही समझ आ रहा था कि वह क्या बात करे?

सूरज - जी मैं सूरज! आपका नाम? (बात आगे बढ़ाते हुए)

प्रिया - जी! प्रिया। (धीमी आवाज़ में)

सूरज - अच्छा! आपको क्या-क्या पसंद है?

प्रिया - मुझे खाना बनाना भी पसंद है और व्यवसाय करना भी पसंद है।

सूरज - यह तो बहुत अच्छी बात है।

प्रिया - आपको क्या पसंद हैं?

सूरज - मुझे गाने सुनना बहुत पसंद है। वैसे...

प्रिया - जी! कहिये।

सूरज - आप इस रिश्ते से खुश तो है ना?

इससे पहले की प्रिया सूरज के सवाल का जवाब देती कांता बहन छत पर आ गए।

कांता - चलो बेटा! अब हमें नीचे चलना चाहिये, आधा घंटा हो गया है।

आधा घंटा हो गया ( दोनों एक साथ। एक-दूसरे से बात करते-करते आधा घंटा कब निकल गया दोनों को पता ही नही चला।)

कांता - हाँ बेटा! आधा घंटा हो गया है, अब हमें चलना चाहिए । (दोनों की तरफ देखकर मुस्कुराते हुए)

प्रिया और सूरज और बात करना चाहते थे। उन दोनो का मन नही था वहाँ से जाने का। दोनों को पूछने पर सूरज और प्रिया ने शादी के लिए हाँ कर दी थी। इस बात से दोनों घर वाले बहुत खुश थे, एक दूसरे को मिठाई खिला रहे थे।

सूरज और प्रिया तो बस एक-दूसरे की आँखों में ही खोए हुए थे।

सुष्मा - सूरज! बेटा सूरज! अब हमें चलना चाहिए।

सूरज - जी मम्मी!

सुष्मा - अच्छा तो हम चलते है। पंडित जी को पूछ कर

शादी का मुहूर्त बता दीजिएगा।

कांता - जी बिल्कुल! आज ही पंडित जी से मुहूर्त निकलवा देते हैं।

उनके जाने के बाद कांता ने पंडित जी को कॉल किया - बधाई हो पंडित जी! आपका लाया रिश्ता वाकई बहुत ही अच्छा था। अब आप जल्द से जल्द शादी का मुहूर्त निकाल दीजिये।

पंडित जी - जी! जरूर, मैं कल ही एक अच्छा सा शुभ मुहूर्त निकाल कर आपको कॉल करता हूँ।

कांता - अच्छा पंडित जी! हमें आपके कॉल का इंतजार रहेगा।

***********

अगली सुबह पंडित जी का कॉल आया।

पंडित जी - कांता बहन! आज से ठीक 15 दिन बाद एक शुभ मुहूर्त निकला है अपनी प्रिया बेटी की शादी के लिए।

कांता - 15 दिन बाद? पंडित जी! 15 दिन बाद इतना जल्दी? सब तैयारी कैसे होगी? इसके बाद का कोई मुहूर्त नही है क्या?

पंडित जी - नही! कांता बहन! इसके बाद 6 महीने तक शादी के लिए कोई भी शुभ मुहूर्त नही है।

कांता - अच्छा पंडित जी! मैं घर पर पूछ कर आपको बताती हूँ।

पंडित जी - कोई जल्दी नही है। आप आराम से पूछ कर बता दीजिएगा।

दामिनी - क्या हुआ मम्मी जी? क्या कह रहे हैं पंडित जी?

कांता - अपनी प्रिया की शादी के लिए 15 दिन बाद का शुभ मुहूर्त निकला है। लेकिन इतना जल्दी हम सब तैयारी कैसे करेंगे?

दामिनी - हाँ मम्मी जी! 15 दिन तो बहुत कम है। 15 दिन मे सब रिश्तेदारों को बुलाना, सब तैयारी करना, कामकाज कैसे होगा? इसके बाद का कोई शुभ मुहूर्त नही बताया क्या पंडित जी ने?

कांता - इसके बाद 6 महीने तक कोई शुभ मुहूर्त नही है।

दामिनी - मम्मी जी! अब हमें क्या करना चाहिए?

कांता - देखते हैं, शाम को प्रवीन और तुम्हारे पापा जी आ जाए तब उनको पूछते हैं। तब तक प्रिया से बात कर लेते हैं वह क्या चाहती है?

कांता बहन और दामिनी प्रिया के पास पहुँचे।

दामिनी - प्रिया बेटा! पंडित जी का कॉल आया था।

प्रिया - क्या कहा पंडित जी ने? (उत्सुकता से पूछते हुए)

दामिनी - बेटा! पंडित जी कह रहे थे कि एक साल तक शादी का कोई मुहूर्त नही है।

प्रिया - अच्छा..? (थोड़ा उदास होते हुए)

कांता - क्या दामिनी! तुम भी, क्यों बच्ची को परेशान कर रही हो? प्रिया बेटा! पंडित जी ने 15 दिन बाद का मुहूर्त बताया है। इसके बाद 6 महीने तक कोई अच्छा मुहूर्त नही है। अब तुम कहो तुम क्या चाहती हो?

प्रिया - दादी! जैसा आप लोगों को ठीक लगे, मुझे उससे कोई आपत्ति नही है।

कांता - अच्छा! देखो-देखो, कैसे इसके मन में लड्डू फूट रहे हैं।

प्रिया - क्या दादी आप भी?

कांता - अच्छा ठीक है! अब हम लोग चलते हैं, तुम आराम करो।

शाम को प्रवीन के घर आ जाने के बाद।

कांता - बेटा! पंडित जी ने शादी का मुहूर्त 15 दिन बाद का निकाला है। इतने कम समय में हम तैयारियाँ कैसे कर पाएँगे? (शाम को जब प्रवीन घर आया तब कांता बहन ने प्रवीन बेटे से पंडित जी की बात करते हुए कहा)

प्रवीन - मम्मी! 15 दिन में तैयारी तो हो जाएगी, लेकिन थोड़ा जल्दी-जल्दी काम करना पड़ेगा। शादी का कोई और अच्छा मुहूर्त नही है क्या?

कांता - बाद मे तो 6 महीने बाद का मुहूर्त है।

सुरेश - श्रीमती जी हम 6 महीने तक का इंतजार नही करते है।

15 दिन में शादी की शहनाई बजवा देते है।

(कांता बहन को भी अपने पति की बात सही लगी। उसने प्रवीन और दामिनी की इच्छा जानकर पंडित जी को हाँ कर दी। यह सुनकर प्रिया के मन में लड्डू फूट रहे थे।)

कांता - लो प्रिया बेटा! मुँह मीठा करो 15 दिन बाद तुम्हारी शादी है।

प्रिय - लेकिन दादी! मुझे आप लोगों को छोड़कर कही नही जाना है।

कांता - अरे बेटा! तुम कौन सा परदेश जा रही हो।

इसी शहर में तो हो जब मन करे चले आना मिलने।

(प्रिया को गले लगाते हुए)

प्रिया - लेकिन फिर भी दादी..!

फिर भी कुछ नही। अभी उदास होने का समय नही है बहुत काम पड़ा है। बुरड़ परिवार के यहाँ शादी के काम-काम में 15 दिन कहाँ निकल गए पता ही नही चला। और लाड़ो की बारात आने का दिन भी आ गया।

कांता - अजी देखो ना! आज हमारे घर बारात आने वाली है घर में चारों तरफ कितनी खुशियाँ है। कितने सालों बाद हमारे घर मे शादी है,

सब लोग कितने ख़ुश है। (अपने पति से)

(उधर प्रिया बेसब्री से सूरज का इंतजार कर रही थी। यह प्रिया की जिंदगी का सबसे खूबसूरत दिन था। आज उसके द्वार पर उस की बारात खड़ी थी, वह ऊपर छत से सूरज के ऊपर फूलों की बरसात कर रही थी। सूरज और प्रिया के मन में बहुत सी उलझन है, बहुत से सवाल है। उन्ही सवालों के साथ सूरज और प्रिया शादी के मंडप तक पहुँच गए। प्रिया और सूरज एक बहुत ही पवित्र रिश्ते में बंध गए। आज से वह एक-दूसरे के हमराही, हमसफर, पति-पत्नी बन गए।)

कांता - प्रिया बेटा! अब यही तुम्हारा संसार है। (प्रिया की विदाई के वक्त)

प्रिया - मुझे आप सब को छोड़कर कही नही जाना है। (विदा होते समय)

कांता - बेटा! तुम कौनसा दूर जा रही हो? पास में ही तो हो हम लोग मिलने आते रहेंगे।

(विदाई तो दुनिया का दस्तूर है। फिर क्या था अब प्रिया सूरज के साथ एक नए सफर के लिए निकल गई। प्रिया का घर संसार सब नया हो गया।)

***********

नई-नई शादी हुई प्रिया दुल्हन के लिबास में जच रही थी। हाथों मे सुहाग का चूड़ा, माथे पर बिंदी, माँग मे सिंदूर, कानों में झुमके, गले मे एक खूबसूरत सा मंगलसूत्र। प्रिया पगफेरे के लिए भी चली गई। शादी की सारी रस्मे रिवाज़ सब हो गए थे।

सूरज, प्रिया के इस रूप से बहुत प्रभावित था। सूरज को प्रिया पहले भी अच्छी लगती थी और अब भी। सूरज और प्रिया की शादीशुदा जिंदगी बहुत अच्छे से चल रही थी। सूरज प्रिया को कभी अकेला महसूस नही होने देता था। वह उसकी छोटी से छोटी जरूरतों का ध्यान रखता था। सूरज और प्रिया की शादी को लगभग 6 महीने हो गए थे। शादी के 6 महीने पूरे होने की ख़ुशी मे सूरज ने प्रिया को कही बाहर ले जाने की सोची।

सूरज - प्रिया! तुम जल्दी से तैयार हो जाओ।

प्रिया - क्यों जी! कही बाहर जाना है?

सूरज - हाँ! हम बाहर जा रहे है।

प्रिया - अच्छा! हम कहाँ जा रहे हैं? मुझ पर साड़ी अच्छी लगेगी या कुर्ती?

सूरज - अरे बाबा! कितने सवाल करती हो। तुम कुछ भी पहन लो तुम हमेशा ही अच्छी लगती हो। चलो अब जल्दी तैयार हो जाओ।

प्रिया - अच्छा ठीक है। मैं अभी तैयार हो कर आई।

(सूरज प्रिया को ले कर बाहर निकल गया। ऐसा लग रहा था कि आज मौसम भी सूरज औऱ प्रिया की ख़ुशी में शरीक़ होने आया हो।)

सूरज - प्रिया! देखो ना, आज मौसम कितना अच्छा हो रहा है।

प्रिया - हाँ! एकदम सुहावना दिन और बारिश का मौसम। हम्म!

क्या आपको बारिश में भीगना पसंद है?

सूरज - बारिश में भीगना! बारिश में तो बच्चे भीगते हैं। (हँसते हुए)

प्रिया - ऐसा किसने कहा कि बारिश में सिर्फ़ बच्चे ही भीग सकते है?

बारिश में भीगना तो एक ख़ुसबसूरत अहसास होता है।

सूरज - वैसे मुझे बारिश पसंद तो नही है,

लेकिन तुम्हारे लिए मैं बारिश मे भी तुम्हारे साथ रहूँगा ।

(बस इतना कहा ही था कि इंद्र देवता ने भी बारिश कर दी। सूरज आस-पास जगह ढूँढ रहा था जहाँ वो दोनों भीगने से बच सके।)

प्रिया - चलो ना! बारिश मे भीगते हैं।

(तभी प्रिया ने अचानक सूरज का हाथ पकड़ लिया)

सूरज - अभी! इस समय! अभी तो हमे कही और जाना है ना।

प्रिया - बाहर फिर कभी चल लेंगे। प्लीज़ चलो ना।

सूरज - अच्छा ठीक है।

प्रिया के लिए सूरज के साथ बारिश में भीगना किसी सपने से कम नही था। प्रिया और सूरज एक साथ लम्हे संजो रहे थे। बारिश में भीगते हुए प्रिया की नज़र सड़क किनारे एक भुट्टे की लारी पर पड़ी।

प्रिया - चलो ना! हम भुट्टे खाते हैं। (बच्चो सा व्यवहार करते हुए)

सूरज - तुम तो बिल्कुल बच्चो जैसा कर रही हो। चलो! भुट्टे भी खा लेते है।

सूरज - भैया! 2 भुट्टे देना लिम्बु मसाला लगा कर।

भुट्टे वाले भैया - यह लो भैया! आपके भुट्टे। भुट्टे के साथ चाय लोगे क्या?

सूरज - नेकी औऱ पूछ-पूछ। चाय भी दे ही दो।

प्रिया - मैं और तुम, बारिश का मौसम, भुट्टे और चाय वाह आनंद आ गया।

सूरज - बोलो मेरी मल्लिका! आपकी और कोई ख़्वाहिश।

प्रिया - नही! आज आपके साथ ऐसे दिन बीता कर बहुत अच्छा लगा।

सूरज - तो अब हम घर चले?

प्रिया - हाँ जी! अब हम घर चलते है।

(वहाँ से लौटते वक़्त प्रिया को अचानक ठोकर लगी। लेक़िन तब सूरज ने उसे संभाल लिया था।)

सूरज - क्या कर रही हो तुम? तुम्हारा ध्यान कहाँ है? अभी तुम्हे लग जाती तो?

प्रिया - आप क्यों चिंता कर रहे हो? मुझे कुछ नही हुआ है, मैं ठीक हूँ।

सूरज - अच्छा ठीक है! लेकिन अब ध्यान से चलना।

(वहाँ से थोड़ा आगे गए तभी फिर से प्रिया का पैर एक पत्थर से टकराया औऱ वो गिर गई।)

सूरज - प्रिया! प्रिया क्या हुआ तुम्हे? उठो! आँखे खोलो अपनी।

प्रिया...

प्रिया!

जब प्रिया ने आँख खोली तो वो सूरज के साथ नही थी। उसने आसपास देखा उसे कुछ समझ नही आ रहा था। वो सूरज, सूरज! आवाज़ लगा रही थी। फिर उसने ध्यान से देखा तो वो सड़क की फुटपाथ पर सोई हुई थी। वो कुछ समझ नही पा रही थी कि वो कहाँ है? फ़िर जब पूरी नींद से जागी तब उसे एहसास हुआ कि वो तो सपना देख रही थी। वह एक गरीब, अनाथ लड़की है जिसका ना ही कोई घर है ना ही कोई परिवार। बुरड़ परिवार, कांता बहन, सूरज, उसकी शादी, बारिश में भीगते हुए भुट्टे खाना सब उसका ख़्वाब है।

प्रिया का सपना...

हाय..!प्रिया के सपनों की वो दुनिया कितनी ख़ूबसूरत थी। सपना ही सही लेक़िन प्रिया की वो दुनिया बहुत हसीन थी।

------------------------

# लाल बत्ती

मयंक दिल्ली शहर मे बहुत ही व्यस्तता से गिरा रहता था। दिल्ली मे मयंक किसी बड़ी कम्पनी मे एक सॉफ्टवेयर इंजीनियर की पोस्ट पर काम करता था, उसके पास तो जैसे समय ही नही था। ना ही रुकने का, ना ही आराम करने का,

वह दिन भर बस काम ही काम करता रहता था।

हालांकि उसके ऊपर काम का बहुत ही भार था, लेकिन इतना ज्यादा भार भी नही था कि वह दिन भर मे कुछ समय भी अपने लिए नही निकाल पाए। मयंक एक फ्लैट मे अकेला ही रहता था। मयंक की उम्र लगभग 30 साल की होगी, उसके घर वाले उसकी शादी करवाना चाहते थे। लेकिन उसके किसी प्रोजेक्ट के चलते मयंक ने अभी तक शादी नही की। अब लगभग मयंक का प्रोजेक्ट पूरा हो ही गया था लेकिन मयंक इतना व्यस्त होने के बाद भी खुश नही रहता था।

एक तो दिल्ली का ट्राफिक, ऊपर से काम की मार। शाम होते-होते तो मयंक थक जाता था। घर मे भी अकेला, ना कोई बोलने वाला, ना ही कोई सुनने वाला। अब तो मयंक को अकेला रहना ही पसंद आता था।

मयंक के घर काम करने के लिए एक लड़का आता है, वह थोड़ी बहुत बात कर लेता था। उसका नाम छोटू हैं उम्र में लगभग 18 साल का लगता है।

छोटू घर का सब काम करता और सुबह-शाम का खाना बनाता, पीछे से सारा बिखेरा लेकर वह

रात को अपने घर चला जाता था पूरा दिन छोटू मयंक के घर ही रहता था।

मयंक थका हारा ऑफिस से घर लौटा।

छोटू - भैया! क्या हुआ? आज आप बहुत थके हुए लग रहे हो।

मयंक - कुछ नही, छोटू! आज थोड़ा ठीक नही लग रहा है।

तुम मेरे लिए एक कप चाय बना दो।

छोटू - ठीक है भैया! मैं अभी बना देता हूँ।

मयंक - अच्छा सुनो! एक कप तुम्हारे लिए भी बना देना।

आज साथ में बैठकर चाय पी लेंगे।

छोटू खुश होते हुए चाय बनाने चला गया।

छोटू चाय बना कर ले आया - यह लो भैया! मस्त अदरक मसाले वाली चाय, इसे पीकर आपकी सारी थकान यूँ चुटकी मे दूर हो जाएगी।

अच्छा भैया! एक बात तो बताओ?

मयंक - हाँ! पूछो।

छोटू - आप दिन भर काम करते हो, थोड़ी देर आराम क्यों नही कर लेते?

अभी चाय पीकर आप वापिस काम करने बैठ जाओगे।

आपको ठीक नही लग रहा है तो आज रहने दो।

मयंक - नही छोटू! काम तो करना पड़ेगा। मुझे कल प्रेजेंटेशन देनी है।

छोटू - लेकिन भैया..!

मयंक - लेकिन क्या? काम तो करना ही पड़ेगा ना।

तुम चाय पी लो और फिर खाना बना लो तब तक मैं अपना काम निपटा लेता हूँ।

दोनों चाय पीने के बाद अपने-अपने काम पर लग गए।

छोटू - भैया और कितनी देर खाना कब से तैयार है, ठंडा हो रहा है।

मयंक - बस 5 मिनट, आ ही रहा हूँ।

छोटू - 5 मिनट करते-करते एक घंटा हो गया है। 11:00 बजने आए है।

अब आप पहले खाना खा लो, बाद में अपना काम करना।

मयंक - बस 5 मिनट।

छोटू - नही! 5 मिनट नही, अभी। मुझे घर भी तो जाना है फिर देरी हो जाएगी।

मयंक - अच्छा ठीक है! चलो, पहले खाना खा लेते हैं।

मैं मेरा काम बाद मे कर लूँगा।

छोटू ने मयंक के लिए खाना लगा दिया। मयंक को खाना रखने के बाद छोटू ने भी खाना ले लिया।

खाना खाते ही मयंक फिर से काम करने के लिए बैठ गया।

छोटू ने किचन का सारा बिखेरा ले लिया। जाते-जाते छोटू मयंक से मिलने गया।

छोटू - भैया! अगर आपको ठीक नही लग रहा हो, तो मैं आज यही रुक जाता हूँ।

मयंक - नही छोटू! तुम जाओ, मैं ठीक हूँ।

छोटू - अच्छा भैया! तो मैं चलता हूँ। लेकिन आप जल्दी ही सो जाना और अपना ध्यान रखना।

मयंक - समय को देख कर! ठीक है।

छोटू इतना कह कर अपने घर के लिए चला गया। लेकिन मयंक अपने काम को लेकर बैठ गया। उसे काम करते-करते समय का पता ही नही चला फिर जब उसने घड़ी की तरफ देखा तो घड़ी में रात की 3:00 बज रहे थे ।

मयंक - अरे! काम करते-करते इतना लेट हो गया पता ही नही चला। चलो अब मैं भी सो ही जाता हूँ।

मयंक का हर दिन ऐसे ही निकलता है। वह दिन-ब-दिन खुद को लेकर बहुत ही लापरवाह होता जा रहा है। उसे उसकी तबीयत की कोई चिंता नही है।

***********

अगले दिन सुबह मयंक 6:00 बजे उठकर ही काम करने बैठ गया। फ़िर तैयार हो कर वह लगभग 9:00 बजे घर से निकल गया। हर बार वह ऐसा रास्ता अपनाता है जहाँ उसे ट्राफिक ना मिले और वह आराम से पहुँच

जाए। थोड़ा लंबा होता था, लेकिन मयंक उसी रास्ते से जाना पसंद करता था।

आज निकलते वक्त मयंक को याद आया कि जिस रास्ते से वह जाता है वहाँ सड़क का काम चल रहा है, इसलिए मयंक को दूसरे रास्ते से जाना पड़ा। थोड़ी दूर चलते ही मयंक को ट्रैफिक सिग्नल मिल गया। वहाँ लाल बत्ती का सिग्नल था। मयंक ख़ुद से ही - पता ही था कि मुझे यहाँ ट्रैफिक मिलेगा। इधर मयंक लाल पिला हो रहा था, उधर सिग्नल भी लाल हो रहा था।

मयंक कभी इतनी देर ट्राफिक मे नही खड़ा रहा था, उसको हमेशा जल्दी ही रहती थी। मयंक को यही चिंता थी कि यह ट्रैफिक सिग्नल कब खुलेगा। मयंक जब खुद

की ही चिंता मे उलझा था तभी उसकी नजर किसी पर पड़ी और जैसे उसका वक्त रुक सा गया हो।

उसे देखते-देखते कब ट्रैफिक सिग्नल खुल गया उसे पता ही नही चला। पीछे से गाड़ियों के हॉर्न बज रहे थे तभी मयंक ने आजू-बाजू देखा और वह गाड़ी स्टार्ट करके अपने ऑफिस पहुँच गया।

पता नही उसने लाल बत्ती के सिग्नल पर ऐसा क्या

देखा की कभी ना ठहरने वाला मयंक वहाँ थम सा गया हो?

पता नही लेकिन आज मयंक के हाव-भाव कुछ अलग लग रहे थे।

आज मयंक कुछ खुशनुमा दिख रहा था। मयंक जल्दी से ऑफिस का

सारा काम खत्म कर वक्त से पहले घर पहुँच गया।

छोटू - भैया! आज आप इतनी जल्दी ऑफिस से घर आ गए? क्या बात है?

आपकी तबीयत तो ठीक है?

मयंक - हाँ! मेरी तबीयत ठीक है। छोटू , तुम जल्दी से मेरे और अपने लिए चाय बना कर ले आओ। मुझे तुम्हें कुछ बताना है।

छोटू को भी मयंक का बदला-बदला मिजाज समझ आ रहा था। छोटू फटाफट से दोनों के लिए चाय बना कर ले आया।

छोटू - यह लो भैया! आप की चाय। आप कुछ बताने वाले थे?

मयंक - हाँ! बताता हूँ, तुम बैठो तो सही। तुम्हें पता है जिस रास्ते से मैं हमेशा जाता हूँ वहाँ आज काम चल रहा था। तो आज मैं दूसरे रास्ते से गया, वहाँ मुझे ट्रैफिक सिग्नल मिल गया।

छोटू - तब तो आपको ट्रैफिक सिग्नल पर रुकना पड़ा होगा और आपको गुस्सा भी आया होगा?

मयंक - हाँ! ऐसा ही हुआ था। और तुम्हें पता है, आज क्या हुआ?

छोटू - क्या हुआ? ( उत्सुकता से पूछते हुए )

मयंक - आज मैंने वहाँ पर किसी को देखा और उसी पल मे खो गया। ट्रैफिक सिग्नल कब खत्म हो गया पता ही नही चला।

छोटू - अच्छा! फ़िर क्या हुआ भैया?

मयंक - फिर क्या! जब पीछे की गाड़ी वाले हॉर्न बजा रहे थे तब जाकर मैंने अपनी गाड़ी स्टार्ट की।

छोटू - सच्ची भैया! आप मजाक तो नही कर रहे? मैं नही मान सकता कि आप और ट्रैफिक सिग्नल पर सिग्नल खत्म होने के बाद भी रुक सकते हो।

मयंक - अरे मैं सही कह रहा हूँ छोटू , ऐसा ही हुआ।

छोटू - अच्छा! यह तो बताओ की आखिर आपने सिग्नल पर ऐसा क्या देखा?

मयंक - नही! वो मैं नही बता सकता।

छोटू - क्या भैया! पूरी बात बता दी लेकिन यही नही बता रहे हो कि आपके वहाँ रुकने की क्या वजह थी?

मयंक - नही! अभी नही। मैं तुम्हें बाद में सही वक्त आने पर बताऊँगा।

छोटू - अभी बता ही दो ना भैया।

मयंक - नही छोटू।

छोटू - अच्छा! ठीक है, भैया। ( निराश होते हुए )

मयंक - अच्छा! चलो, अब जल्दी से खाना बना दो भूख लगी है।

छोटू जल्दी से खाना बनाने चला गया। जब छोटू खाना बना कर ले कर आया तब उसने देखा कि मयंक फिर से काम करने बैठ गया।

छोटू - क्या भैया! आप भी, वापिस काम ले कर बैठ गए।

चलो उठो खाना बन गया है।

मयंक - हाँ बाबा! उठ ही रहा हूँ। तुम तब तक जा कर खाना लगाओ।

छोटू - नही! आप मेरे साथ ही चल रहे हो।

मयंक - अच्छा! चलो खाना खा लेते है।

मयंक और छोटू का हर दिन लगभग इसी बहस के साथ खत्म होता था।

मयंक खाना खाने के बाद काम करने बैठ जाता था और

छोटु काम निपटा कर घर चला जाता था।

मयंक लगभग एक मशीन ही बन गया था। मयंक की सुबह-शाम दिन-रात की गतिविधियाँ तय ही होती थी। वह बस उसके मुताबिक ही चलता था।

लेक़िन कल मयंक ने लाल बत्ती पर जो देखा उसने शायद

मयंक के समय मे थोड़ी छेड़-छाड़ कर दी थी।

सड़क का काम चलने की वजह से मयंक को आज भी उसी रास्ते से जाना था। मयंक ऑफिस जाने के लिए उस रास्ते पर निकल गया लेकिन दूर से ही मयंक को दिखा कि आज मुझे लाल बत्ती का सिग्नल नही मिलेगा। मयंक वहाँ रुकना चाहता था इसलिए वो सिग्नल से थोड़ा पहले ही रुक गया। वह अपने चारों तरफ़ देख रहा

था लेकिन उसे वहाँ कोई नही दिखा। थोड़ी देर वहाँ रुकने के बाद सिग्नल लाल हो गया। सभी गाड़िया रुक गई, मयंक भी वहाँ सिग्नल पर जा कर रुक गया

यंक ने फिर चारों तरफ अपनी नजरें घुमाई और कुछ देखना चाहा लेकिन उसे वहाँ कोई नही दिखा। मयंक की गाड़ी के पास ही मे एक गाड़ी खड़ी थी, जैसे ही वह गाड़ी थोड़ी सी आगे हुई मयंक को कुछ दिखा।

ना जाने क्यों लेकिन मयंक को वह नजारा कुछ अजीब और मन को छू लेने वाला लगा। मयंक ना ही उसके बारे मे किसी से जिक्र करता,

ना ही खुद समझने की कोशिश करता।

हाँ! लेकिन यह सब देख कर मयंक को एक सुकून मिलता था।

ऑफिस से फ्री होकर वह घर लौटा। जैसे ही घर आया छोटू ने दरवाज़ा खोला।

छोटू - भैया! भैया, आज भी आप जल्दी घर आ गए?

मयंक - हाँ! आजकल मैं पहले से जल्दी घर आने लगा हूँ ना?

छोटू - हाँ भैया! आप जल्दी आने लगे हो। लेकिन अच्छा है आप जल्दी आ जाते हो। थोड़ा आराम भी हो जाता है और खाना भी जल्दी खा लेते हो।

मयंक - हाँ! वो तो है।

छोटू - भैया! वो..

मयंक - क्या हुआ?

छोटू - भैया! क्या आज भी आपको सिग्नल पर कुछ दिखा?

मयंक - हाँ छोटू! पहले तो नही दिखा था, लेकिन फिर मुझे वह दिखा।

छोटू - क्यों? पहले क्यों नही दिखा? आज आपको सिग्नल नही मिला क्या?

मयंक - हाँ! कुछ ऐसा ही समझो।

छोटू - अच्छा! तो फिर क्या हुआ?

मयंक - वहाँ पहुँचते-पहुँचते मुझे दूर से ही दिख गया था कि आज मुझे सिग्नल नही मिलने वाला है, इसलिए मैं सिग्नल होने से थोड़े पहले ही खड़ा रह गया। फिर जैसे ही सिग्नल हुआ मैं भी उस सिग्नल में जाकर लग गया।

छोटू - भैया! आपकी तबीयत तो ठीक है ना? आप और जानबूझकर सिग्नल में रुके, मैं मान ही नही सकता। (मयंक को बीच मे रोकते हुए)

मयंक - छोटू , मैं सच कह रहा हूँ।

छोटू - भैया! अब मुझसे रहा नही जा रहा है। आखिर आपने ऐसा क्या देखा कि सिग्नल नही होते हुए भी उसे देखने के लिए आप सिग्नल से पहले रुक गए? अब बता भी दो, आखिर क्या बात है।

मयंक - आज नही।

छोटू - तो कब बताओगे?

मयंक - बहुत जल्द। अच्छा चलो तुम खाना बना लो।

छोटू - मैं खाना तो बना लूँगा लेकिन आज आप काम करने नही बैठोगे।

मयंक - अच्छा ठीक है। चलो तुम खाना बना लो, मैं तब तक बाहर बैठा हूँ।

छोटू खाना बनाकर ले आया और जब आया तो उसने देखा कि मयंक जो कभी गानों की आवाज से ही चीड़ जाता था वह आज खुशनुमा गाने सुन रहा था।

छोटू - भैया! आप गाने सुन रहे हो? मुझे आए हुए यहाँ कितने साल हो गए हैं, लेकिन मैंने आज तक आपको ऐसे मस्ती मे गाने सुनते नही देखा। और आज आप गाने सुन रहे हो।

मयंक - क्या अब मैं गाने भी नही सुन सकता?

छोटू - क्यों नही भैया! सुन सकते हो।

मयंक - अच्छा खाना बन गया?

छोटू - हाँ भैया! खाना लगा दिया है मैं आपको बुलाने ही आया था।

मयंक - चलो! खाना खा लेते है।

(दोनों ने साथ में खाना खाया छोटू अपने घर चला गया और मयंक सुबह के इंतजार में आज जल्दी ही सो गया। मयंक को दिन भर उस नज़ारे से एक एनर्जी सी मिलने लगी। और वह कल के इंतजार में दिन गुजारने लगा।)

***********

एक दिन निकला, दो दिन निकले, देखते ही देखते 15 दिन निकल गए। मयंक पिछले 15 दिन से यही कर रहा था।

आज भी मयंक सुबह-सुबह उठ कर तैयार हो गया। आज वह बहुत खुश नजर आ रहा था। आज 15 दिन बाद वह उससे मिलने वाला है।

मयंक आज फिर उसी रास्ते से गया। लाल बत्ती का इंतजार किया, सिग्नल हुआ, गाड़ी रुकी, मयंक रुका, फिर वह दिखाई दिया। मयंक ने अपनी गाड़ी उसकी तरफ ले ली, उसका नाम प्रीत था।

प्रीत - आ गए तुम?

मयंक - हाँ! मैं आ गया।

प्रीत - अच्छा! तो अब तुम्हें कैसा लग रहा है?

मयंक - पहले से काफी बेहतर महसूस कर रहा हूँ। जब से तुमसे मिला हूँ पहले से खुश रहने लगा हूँ। आज 15 दिन बाद तुम्हारे दिए गए उपाय ने मेरी जिंदगी बदल दी है।

प्रीत - इसमें मैंने कुछ नही किया यह तो एक सिंपल सा फंडा है। जिसे अगर कोई अपना ले तो वह कभी दुखी नही होता है।

मयंक - यह बात पता सबको होती है, लेकिन इस बात को समझाने वाला भी तो कोई चाहिए।

प्रीत - अच्छा! तो अब तो तुम समझ गए हो ना?

मयंक - हाँ! पूरी तरह।

प्रीत - चलो! मेरे लिए यही बहुत है।

मयंक - क्या तुम मुझसे हर रोज मिलोगे?

प्रीत - नही मयंक! मैं अब दूसरे शहर जा रहा हूँ।

मयंक - क्यों? (आश्चर्य से पूछते हुए)

प्रीत - क्योंकि यहाँ का मेरा काम हो गया है। मैंने 10 लोगों को यह बात सिखाई, उसमे से अगर आधे भी मेरी बात समझ जाए तो मेरा लक्ष्य पूरा हो जाएगा।

मयंक - लेकिन प्रीत! क्या तुम्हारा यहाँ से जाना जरूरी है?

प्रीत - मयंक! मैं यहाँ से जाऊँगा तभी तो किसी दूसरे को यह बात समझा पाऊँगा।

मयंक - हाँ! यह बात तो सही है लेकिन..

प्रीत - तुम चिंता क्यों करते हो? मैं जहाँ भी रहूँगा तुम्हारे संपर्क में रहूँगा।

मयंक - तुम सच बोल रहे हो ना। फिर यहाँ से जाने के बाद अपनी बात से मुकर मत जाना।

प्रीत - नही! बिल्कुल नही। अच्छा तो मयंक अब तुम्हे जाना चाहिये।

मयंक - जाने का मन तो नही है, लेकिन ठीक है! तो मैं चलता हूँ।

मयंक को थोड़ा बुरा तो लगा लेकिन उसने खुद को संभाल लिया। वो ऑफिस के लिए निकल गया। दिन भर काम करने के बाद वो घर लौट गया।

छोटू - भैया! कैसा रहा आपका दिन। आप क्या सोच रहे हो? कुछ हुआ है क्या?

मयंक - नही छोटू! कुछ नही हुआ। तुम चाय बना कर ले आओ।

छोटू - आपको कुछ तो हुआ है, बस आप बता नही रहे हो। अच्छा चलो ठीक है मैं चाय बना कर ले आता हूँ।

छोटू उसके और मयंक के लिए चाय बना कर ले आया।

छोटू - अच्छा भैया! वो..

मयंक - क्या हुआ? कुछ पूछना चाहते हो?

छोटू - हाँ भैया! वो..आपने कहा था ना कि आज ऑफिस से आने के बाद आप मुझे वह बात बताओगे।

मयंक - मैंने ऐसा कब कहा? मुझे याद है तब तक तो मैंने ऐसा कुछ नही कहा।

छोटू - आपने कहा था आप याद करो।

मयंक - छोटू! तुम्हे पता है ना मैं ऐसे ही कोई बात नही भूलता।

छोटू - हाँ! पता है। अच्छा बाबा! आपने ऐसा कुछ नही कहा था, लेकिन अब इंतज़ार नही होता बता दो ना क्या बात है?

मयंक - अच्छा चलो! तो अभी तुम खाना बना लो। हम खाना खा लेते है। और कल सुबह तुम मेरे साथ चलना, तुम्हे सब समझ आ जाएगा। आज रात तुम यही रुक जाना।

छोटू - पक्का ना भैया?

मयंक - हाँ बाबा! पक्का। चलो अब तुम जा कर खाना बना लो।

छोटू - जी भैया! मैं अभी खाना बनाकर लाता हूँ।

थोड़ी ही देर मे छोटू खाना बना कर ले आया। दोनों ने खाना खा लिया। अब छोटू सुबह के इंतज़ार मे सो गया।

***********

छोटू को पिछली पूरी रात नींद नही आई। वह बस घड़ी की तरफ़ देख कर सुबह होने का इंतज़ार कर रहा था। जैसे ही 6 बज गए छोटू मयंक को उठाने लग गया।

छोटू - भैया! भैया, उठो 6 बज गए है। नाश्ते में क्या बनाना है?

मयंक - क्या यार छोटू! अभी तो 6 बजे है।

अभी तो बहुत जल्दी है, सो जाओ थोड़ी देर।

छोटू - उठ भी जाओ ना भैया! नही तो देरी हो जाएगी।

(छोटू के बार-बार उठाने की वजह से थोड़ी ही देर में मयंक को उठना ही पड़ा।)

मयंक - चलो! मैं तैयार हो कर आता हूँ। (छोटू की जिद्द से परेशान हो कर)

छोटू - हाँ! तब तक मैं नाश्ता तैयार करता हूँ।

(छोटू और मयंक दोनों नाश्ता कर के निकल गए।

वो दोनो उस लाल बत्ती के सिग्नल पर जा कर खड़े हो गए।)

छोटू - भैया! क्या हम पहुँच गए है? और आप किससे मिलवाने लाए थे? कहाँ है वो? यहाँ तो कोई नज़र नही आ रहा है?

मयंक - हाँ! हम पहुँच गए और थोड़ा सब्र रखो अभी मुलाक़ात हो जाएगी।

मयंक और छोटू बात कर रहे थे तभी मयंक को प्रीत दिखाई दिया।

छोटू - भैया! और कितना इंतज़ार करना पड़ेगा?

मयंक - बस हमारा इंतज़ार खत्म हुआ, छोटू क्या तुम उससे मिलने के लिए तैयार हो?

छोटू - हाँ भैया! मैं तो कब से तैयार हूँ।

मयंक - अच्छा! तो तुम्हारे दाहिनी तरफ देखो।

जब छोटू ने अपने दाहिनी तरफ देखा तो उसे एक बच्चा दिखाई दिया वो अपंग था।

छोटू - भैया! यह लड़का कौन है?

मयंक - इसका नाम प्रीत है। उसके एक पैर नही होने की वजह से वो बैशाखी का सहारा लेता है। वो ना ही अमीर है ना ही ग़रीब। वह शरीर से भले ही अपंग हो लेकिन दिलोदिमाग से सब से ज्यादा स्वस्थ है। वह लाल बत्ती होने पर रोज़ यहाँ आता है और ग़ुब्बारे ले कर खड़े हो जाता हैं।

छोटू - तो इसमें क्या ख़ास बात हुई?

मयंक - तुम देखो तो सही, तुम्हे सब समझ मे आ जाएगा।

मयंक और छोटू लगभग 10-15 मिनट वही खड़े रहे। तभी छोटू ने ध्यान दिया कि प्रीत लोगों को गुब्बारे बेच रहा था। जो ख़ुश नज़र आ रहे थे, उन्हें तो एक ही दे रहा था। लेकिन जो दु:खी और परेशान थे उन्हें 4-5 ग़ुब्बारे दे रहा था। प्रीत ने उनसे यह ग़ुब्बारे हवा में उड़ाने के लिए कहा। और वो

जैसे ही एक-एक ग़ुब्बारे हवा में छोड़ रहे थे, उनके चेहरे पर थोड़ी-थोड़ी मुस्कान नज़र आ रही थी।

छोटू - भैया! हम करीब आधे घण्टे से यह सब देख रहे है। लोग आते है ग़ुब्बारे लेते है, हवा में छोड़ते है, और मुस्कुराते हुए लौट जाते है।

भैया! इन सब का क्या मतलब है?

मयंक - इसका जवाब तो तुम्हे प्रीत ही दे सकता है।

मयंक और छोटू प्रीत के पास गए। प्रीत ने मयंक को पहचान लिया था।

प्रीत - आ गए तुम? बहुत देरी कर दी, मैं कब से तुम्हारा इंतज़ार कर रहा हूँ।

और आज यह तुम्हारे साथ कौन आया है?

मयंक - यह छोटू है, मेरे साथ रहता है। मेरे परिवार जैसा ही है।

प्रीत - हेलो छोटू! कैसे हो तुम?

छोटू - मैं एकदम अच्छा हूँ। मुझे आपसे कुछ पूछना था।

प्रीत - हाँ जरूर! पूछो, क्या पूछना है?

छोटू - मैं कब से आपको देख रहा हूँ आप लोगों को ग़ुब्बारे बेच रहे हो। जो खुश नजर आ रहा था, उनको सिर्फ एक ही और जो उदास था उनको 4-5। फिर उन ग़ुब्बारो को वो हवा में छोड़ देते और फिर थोड़ा मुस्कुरा कर चले जाते है।

ऐसा क्यों?

प्रीत - अच्छा! यह बताओ तुम्हारी ज़िन्दगी में कोई ऐसी बात या कोई भी पल जो तुम्हारे लिए अच्छा ना हो। जिसको ले कर तुम दुःखी रहते हो।

छोटू - ऐसा तो कुछ नही है।

प्रीत - अच्छा! तो इसका मतलब तुम खुश हो?

छोटू विचारो मे खो गया। उसे देख कर प्रीत समझ गया था कि वो भी किसी-न-किसी बात को ले कर परेशान तो जरूर है।

तब प्रीत ने छोटू को 5 ग़ुब्बारे दिए। और कहा कि - तुम अपनी आँखें बंद कर के अपनी परेशानी को याद करना और उस एक ग़ुब्बारे के साथ हवा में छोड़ देना।

औऱ हाँ! उस वक़्त तुम्हारे चेहरे पर मुस्कुराहट होनी चाहिए,

ऐसा 4 ग़ुब्बारो के साथ करना हैं।

छोटू ने बिल्कुल वैसा ही किया जैसा प्रीत ने कहा। उसने 4 ग़ुब्बारे हवा में छोड़ दिए थे। जब उसने आँखें खोली तो उसे बहुत अच्छा लग रहा था।

छोटू - ऐसा कैसे हो सकता है? सिर्फ ग़ुब्बारो को हवा में छोड़ने से किसी के चेहरे पर मुस्कुराहट कैसे आ सकती है?

प्रीत - यह एकदम सिम्पल फंडा है। कोई भी बात इतनी बड़ी नही होती है कि उसे भुलाया नही जा सके। जिस तरह तुमने आँखे बंद कर के अपनी तकलीफ़ एक-एक ग़ुब्बारे के साथ हवा में छोड़ दी और तुम हल्के हो गए। वैसे ही हर तकलीफ़ हर दर्द को अपने आप से दूर रखने की कोशिश करे तो कोई हमे दुःखी नही कर सकता।

छोटू - अच्छा! माना तुम्हारी बात सही हैं लेकिन किसी को बहुत ज्यादा दु:ख दर्द हो, तो वह 1 बार मे उसे कैसे छोड़ सकता है?

प्रीत - हाँ! तो वह एक बार में नही छोड़ सकता, तुम्हारे भैया से ही पूछ लो अब उनको कैसा लग रहा है? वो 15 दिन तक मेरे पास आए थे।

छोटू - भैया तो पूरे ही बदल गए है। मुझे अभी वाले भैया बहुत पसंद है। लेक़िन तुम्हे यह सब कर के क्या मिलता है?

प्रीत - सुकून।

अगर मैंने यही बात 10 लोगो को समझाई और उनमें से अगर एक ने भी मेरी इस

बात को समझ ली और अपने जीवन मे उतार दी

तो मेरे लिए यह बहुत बड़ी बात है।

छोटू - प्रीत! यार तुम बहुत महान हो। ख़ुद टूटे हुए थे, खुद को संभाल कर फिर दूसरों को जोड़ना बहुत बड़ा काम है।

मयंक और छोटू दोनों की जिंदगी बदल गई लाल बत्ती वाले सिग्नल पर।

------------------------

# अम्मा वाली चाय

श्रीमती - कितनी बार कहा है तुमसे घर वक़्त पर आ जाया करो। इतनी देर रात तक बाहर घूमना तुम्हारे पापा को पसंद नही है।

प्रणव..तुम सुन रहे हो मैं क्या बोल रही हूँ। प्रणव..!

श्रीमान - क्या हुआ श्रीमती जी? क्यों आग बबूला हो रही हो बिना बात के? और कब तक मेरा नाम ले कर अपने लाडले को डराओगी? अब तो वह बड़ा हो गया है उसे सब पता चलता है। क्यों मेरे बेटे के पीछे पड़ी रहती हो?

श्रीमती - हाँ! वो तो आप ही का बेटा है मेरा तो कुछ लगता ही नही है, मैं तो कुछ भी कहूँ गलत ही लगता है। मै तो उसकी दुश्मन हूँ ना? आप उसे सिर पर चढ़ाओ फ़िर वह बिगड़ जाए तब मुझे मत कहना।

श्रीमान - क्यों गरम होती हो श्रीमती जी? क्या कर दिया है उसने? अभी 10 ही तो बजे है। और हमारी इकलौती संतान है प्रणव, तुम क्यों दिन रात उसके पीछे पड़ी रहती हो?

प्रणव - पापा! लगता है शायद मम्मी की आज कामवाली के साथ खिटपिट हुई है। तभी सारा गुस्सा मुझ पर निकाल रही है।

श्रीमती - मैं कोई गुस्सा नही निकाल रही हूँ। मैं तो बस कह रही हूँ कि यह कोई वक़्त नही है घर आने का। सुनिये जी मैं कहे देती हूँ मुझे यह सब बिल्कुल पसन्द नही है।

श्रीमान - अरे श्रीमती जी! शांत हो जाओ।

श्रीमान - प्रणव! जाओ फ्रीज में से आइसक्रीम ले आओ। आज हम तीनों साथ मे आइसक्रीम खाते हैं, तुम्हारी मम्मी का गुस्सा भी शांत हो जाएगा।

श्रीमती -हाँ! मुझे ही शांत करो तुम दोनों मिल कर,

मुझे कोई आइसक्रीम नही खानी है।

श्रीमान - अच्छा बाबा! अभी मान भी जाओ। चलो

अभी आइसक्रीम पिघल रही है।

श्रीमती - देखो जी! ये आख़िरी बार है मैं कहे देती हूँ,

आप अपने लाडले को समझा देना।

प्रणव - वैसे मम्मी..अगर आपको आइसक्रीम नही खानी हो तो, क्या मैं और पापा खा ले? यह पिघल रही है।

(प्रणव की बात सुन श्रीमान और श्रीमती दोनों हँस पड़े।)

श्रीमती - चलो! अभी आइसक्रीम खा लेते है,और

तुम अभी सोने जाओ बहुत देर हो गई है।

प्रणव - हाँ मम्मी! जा ही रहा हूँ। शुभ रात्री।

प्रणव - अभी तो आप की क्लास लगने वाली है पापा। चलो शुभ रात्री।

(प्रणव मुस्कुराते हुए वहाँ से चला गया।)

श्रीमती - प्रणव! तुम्हारी बदमाशी दिन-ब-दिन बढ़ती जा रही है।

श्रीमान - रहने दो ना श्रीमती जी! बच्चा है, यह तो तुम्हे यूँ ही चिड़ा रहा है।

श्रीमती - हाँ! यह तो आपका लाडला बेटा है, इसकी गलती तो आपको कभी दिखेगी नही।

श्रीमान - श्रीमती जी! यहाँ आइये बैठिए मेरे पास। आपको याद है वो दिन जब हम अपना गाँव छोड़ कर यहाँ आए थे। हमारी कोई संतान ना होने पर सब आपको कितना कुछ सुनाते थे। साउथ छोड़ कर हम यहाँ राजस्थान आए, जहाँ हमे कोई जानता नही था। सब कुछ छोड़ दिया हमने सिर्फ़ एक इंसान के लिए, कितनी प्रार्थना और सब्र के बाद तो हमे प्रणव मिला हैं। 10 साल इंतज़ार किया है हमने प्रणव के लिए, 10 साल का इंतज़ार बहुत ज्यादा होता है श्रीमती जी।

श्रीमती - जी! वो सब मैं कैसे भूल सकती हूँ, कितने कठिन थे वो दिन गुज़ारने। ऐसा नही है कि मैं प्रणव से प्यार नही करती, मैं भी प्रणव से उतना ही प्यार करती हूँ जितना आप करते हैं। मुझे तो बस हर समय इस बात का डर लगा रहता है कि प्रणव कही बुरे दोस्तो की संगत में ना आ जाए।

श्रीमान - ऐसा कुछ नही होगा श्रीमती जी, वो श्रीमान और श्रीमती अय्यर का बेटा हैं। हमारा बेटा बहुत समझदार है, हमें कभी निराश नही करेगा। आपको उसकी चिंता करने की कोई जरूरत नही है। चलो अभी हमे भी सो जाना चाहिये।

**********

श्रीमती - अ जी सुनते हो..आप तैयार हो गए क्या?

श्रीमान - हाँ! बस मैं तैयार हो ही गया हूँ, और दफ्तर के लिए निकल रहा हूँ।

श्रीमती - अच्छा! जाते-जाते आपके लाड़साहेब को उठाते जाना 10 बज गए है। आज रविवार है इसका मतलब यह नही कि सूरज
सिर पर आ जाए तब तक सोए रहे।

श्रीमान - तुम वापिस शुरू हो गई।
तुम तो हाथ धो कर हमारे बेटे के पीछे पड़ गई हो।

श्रीमती - रहने दीजिए! मैं खुद जा कर उठा दूँगी।

श्रीमान - आप रुकिए! मैं जा रहा हूँ। (श्रीमान अपने बेटे को उठाने चले गए।)

श्रीमान - प्रणव! उठो बेटा, 10 बज गए है तुम्हारी मम्मी तुम्हे याद कर रही है।

प्रणव - थोड़ी देर सोने दो ना पापा, अभी तो 10 ही बजे है।
बस थोड़ी देर और, बाद मे पक्का उठ जाऊँगा।

श्रीमान - उठ जाओ बेटा! नही तो तुम्हारी मम्मी के उठाने का तरीका तुम्हे पसंद नही आएगा। अभी तो 10 ही बजे है लेकिन वो आ गई तो 12 बज जाएँगे।

प्रणव - क्या पापा आप भी, सुबह-सुबह मस्ती कर रहे हो।
चलो चलते है मम्मी के पास। सुप्रभात मम्मी।

श्रीमती - उठ गए मेरे राजकुमार? आप बहुत जल्दी उठ गए थोड़ा आराम से उठते। अभी तो 10 ही बजे हैं, वैसे भी कुछ काम तो है ही नही आपके।

प्रणव - पापा! देखो ना मम्मी को।

श्रीमान - क्या श्रीमती जी! क्यों बच्चे के पीछे पड़ी हो?

श्रीमती - आप इसकी तरफ़दारी मत किया करो। ये मेरा भी बेटा है मुझे भी इसकी चिंता है, लेकिन गलत बात मे मैं कभी इसका साथ नही दूँगी। जाओ अभी खड़े क्या हो? जल्दी से तैयार हो जाओ नाश्ता ठंडा हो रहा है। आज रविवार है तुम्हे याद दिला देती हूँ की तुम्हे धोबी के पास जाना है कपड़े देने।

प्रणव - हाँ! बस जा रहा हूँ, समर को बुला लेता हूँ फिर दोनों साथ मे चले जाएँगे।

श्रीमती - तुम्हारे दोस्तो मे मुझे बस समर ही पसंद है, एक दम सीधा-साधा लड़का है। पढ़ाई मे भी होशियार है और बोलचाल मे भी विनम्र है।

तुम भी कुछ सीखो उससे।

प्रणव - आप को तो वो ही अच्छा लगेगा खुद का बेटा तो बहुत ख़राब है, आपको तो दूसरों की थाली मे ही घी ज्यादा दिखता है।

श्रीमती - क्या बड़बड़ा रहे हो मन ही मन? कुछ समझ नही आ रहा है।

प्रणव - कुछ नही! मैं नहाने जा रहा हूँ। आप मेरा नाश्ता लगा देना।

प्रणव - मम्मी! धोबी को देने के कपड़े दे दो, समर आ गया है हमे देरी हो रही है।

श्रीमती - क्यों चिल्ला रहे हो? तुम्हारे सामने ही तो पड़े है कपड़े, आँख खोल कर देखा करो।

प्रणव - माफ़ कर दो। चलो, तो मैं जा कर आता हूँ।

श्रीमती - वहाँ जा कर सीधा घर ही आना, और कही घूमने मत चले जाना।

प्रणव - हाँ मम्मी!

(इतना कहकर प्रणव घर के बाहर चला गया। समर सड़क के उस तरफ खड़ा था।)

प्रणव - समर! इधर देखो मैं यहाँ हूँ।

समर - हेलो प्रणव! तो आज कहाँ चलना है।

प्रणव - पहले धोबी के पास चलते है, यह कपडे दे कर फ़िर अपने अड्डे पर चलेंगे।

समर - वैसे प्रणव! आज रविवार है तो मैं यह सोच रहा था की आज हम टहलते-टहलते ही धोबी के वहाँ चले जाए, इस बहाने हमारी थोड़ी बाते भी हो जाएगी।

प्रणव - चलो! यह भी ठीक है।

प्रणव - लो समर! हम तो बाते करते-करते धोबी के यहाँ पहुँच भी गए और दूरी का कुछ पता भी नही चला।

प्रणव - अंकल! यह कपड़े मम्मी ने आयरन करने के लिए दिए हैं और यह कहने को बोला है कि आप कल तक इन्हे लौटा देना।

धोबी - ठीक है बेटा! मैं कल तक कपड़े लोटाने की कोशिश करूँगा।

प्रणव - अच्छा ठीक है, अब हम चलते हैं।

प्रणव - चलो समर! अब हम हमारे अड्डे पर चलते है।

वहाँ से निकलते समय प्रणव की नजर फुटपाथ किनारे बैठी एक बूढ़ी अम्मा पर पड़ी। प्रणव एकाएक वहाँ रुक गया।

प्रणव - समर! यह देखो वहाँ एक बूढ़ी अम्मा असहाय बैठी है, लगता है उनकी मदद करने वाला कोई नही है। हमें उनकी कुछ सहायता करनी चाहिए।

समर - देखो प्रणव! तुम्हारी बात सही है लेकिन आजकल ऐसे लोग फुटपाथ पर बैठकर सहायता मांगते है, और उन रुपयों का गलत जगह प्रयोग करते हैं। तो मुझे लगता है कि हमे इन लोगों को और प्रोत्साहन नही देना चाहिए। तुम आज उन्हें कुछ रुपए दोगे फिर वह कल तुमसे और रुपए मांगेंगे, फिर यह इनका रोज का काम हो जाएगा। और यह अपने बलबूते पर कुछ नही करेंगे बस दूसरों पर ही अपने जीवन यापन के लिए निर्भर रहेंगे। इसलिए मैं कहता हूँ कि तुम भी इन सब मे मत उलझो।

प्रणव - लेकिन समर! एक बार उस बूढ़ी अम्मा की हालत तो देखो, मुझे नही लगता कि वह कोई रोजगार करके अपना जीवन यापन कर सकती है। हो सकता है उनके पास सही मे कोई सहारा नही हो, नही तो वृद्धावस्था मे कोई क्यों ऐसे फुटपाथ पर बैठकर सहायता के लिए किसी को पुकारेगा?

समर - जो भी हो प्रणव मुझे यह सब ठीक नही लग रहा,

अब हमें यहाँ से चलना चाहिए।

प्रणव - समर! तुम जाओ अपने अड्डे पर, मेरा मन नही है।

मैं अब घर जा रहा हूँ, तुमसे कल मिलता हूँ।

समर - लेकिन प्रणव! प्रणव! सुनो तो प्रणव..।

प्रणव बिना कुछ कहे वहाँ से चला गया, जाते-जाते उस बूढ़ी अम्मा की आँखों मे देखा तो उसे ऐसा लगा जैसे वह बूढ़ी अम्मा उससे कुछ कहना चाहती हो। प्रणव वहाँ से बहुत मुश्किल से घर गया लेकिन उसका मन अभी भी उस बूढ़ी अम्मा पर ही अटका हुआ था। प्रणव घर आ चुका था लेक़िन वो कुछ खोया-खोया लग रहा था। उसे परेशान देख श्रीमती अय्यर ने प्रणव से बात की।

श्रीमती - आज तुम बहुत जल्दी आ गए? क्या बात है थोड़े परेशान भी लग रहे हो। सब ठीक है ना? तुमने कुछ गड़बड़ तो नही की ना?

आज इतना जल्दी कैसे आ गए?

श्रीमती अय्यर कब से प्रणव को सवाल पूछे जा रही थी

लेकिन प्रणव अपने ही सवालों मे उलझा हुआ था।

श्रीमती - प्रणव! प्रणव..कहाँ खोए हुए हो? मैं कब से तुमसे कुछ पूछ रही हूँ और तुम हो की कुछ बोल ही नही रहे हो। क्या हुआ है?

प्रणव - कुछ नही मम्मी! मेरे सर मे बस थोड़ा सा दर्द है मैं अपने कमरे मे जा रहा हूँ। थोड़ी देर आराम करूँगा तो ठीक हो जाएगा।

प्रणव मन ही मन यह सोच रहा था कि आज से पहले उस बूढ़ी अम्मा को मैंने कभी यहाँ नही देखा। आखिर यह बूढ़ी अम्मा कौन है? कहाँ से आई है ? क्या मैं इनकी कोई सहायता कर सकता हूँ? और अगर कर सकता हूँ तो मैं इनकी सहायता कैसे करूँ?

वैसे तो प्रणव थोडा लापरवाह था लेकिन पता नही क्यों बूढ़ी अम्मा की वो नज़रे प्रणव को परेशान कर रही थी। दो दिन हो गए प्रणव को समर से मिले हुए यह देख कर श्रीमती अय्यर थोड़ी परेशान थी।

श्रीमती - अजी देखो ना! जो दिन मे तीन से चार बार समर से मिलता था, उसे आज 2 दिन हो गए हैं समर से मिले हुए। आप एक बार समर से बात करके देखो ना कही इन दोनों के बीच कोई झगड़ा तो नही हुआ है।

श्रीमान - श्रीमती जी आप क्यों इतनी चिंता कर रही हो? ऐसा कुछ नही हुआ होगा। हो सकता है प्रणव को कोई बात परेशान कर रही हो,आप उसे थोड़ा वक्त दो वह अपने आप ठीक हो जाएगा।

श्रीमती - लेकिन..?

श्रीमान - लेकिन-वेकीन कुछ नही, आजकल आप बहुत ज्यादा सोचने लग गई हो श्रीमती जी। अपने दिमाग को थोड़ा शांत रखिए।

श्रीमती - हाँ! उम्मीद करती हूँ कि हमारे प्रणव के मन में जो भी बात हो वह जल्द से जल्द सुलझ जाए।

**********

श्रीमती - अजी! देखो ना, आज 2 दिन हो गए है। लेकिन धोबी अभी तक कपड़े लेकर नही आया है अगर आप वहाँ जाकर पूछ आते तो।

धोबी से प्रणव को एकाएक वह बूढ़ी अम्मा याद आ गई।

उसे लगा यही सही समय है वहाँ जा कर अम्मा से बात करने का।

प्रणव - मम्मी अगर..आप कहो तो मैं जाकर कपड़े ले आता हूँ।

श्रीमती - लेकिन बेटा! तुम्हारे सर मे तो दर्द है ना? तुम आराम करो। कपड़े तो तुम्हारे पापा काम से लौटते वक्त ले आऐंगे।

प्रणव - नही मम्मी! अभी मुझे पहले से काफी अच्छा लग रहा है, मैं जाकर कपड़े ले आता हूँ। मम्मी जाने दो ना, प्लीज।

श्रीमती - अच्छा ठीक है बाबा! तुम ले आओ लेकिन ध्यान से जाना और समर को बुला लो वह भी तुम्हारे साथ आ जाएगा।

प्रणव - नही मम्मी रहने दो, आज समर को थोड़ा काम है। वह वैसे भी नही आएगा, मैं अकेला जाकर कपड़े ले आऊँगा।

आज प्रणव समर के बिना ही अकेला उस बूढ़ी अम्मा से मिलने के लिए निकल गया। जाते-जाते प्रणव के मन में बहुत सी उलझने थी। वह आज से पहले कभी ऐसी किसी बात से इतना परेशान नही हुआ था। ना जाने उस बूढ़ी अम्मा की नजरें उससे क्या कहना चाहती थी? प्रणव सोचते-सोचते धोबी के यहाँ पहुँच गया।

धोबी - अरे प्रणव बेटा! तुम यहाँ?

प्रणव - हाँ! वो आपने अभी तक आयरन के कपड़े घर पर

नही भिजवाए हैं तो मैं उन्हें लेने आया हूँ।

धोबी - अरे बेटा! मुझे माफ़ करना मेरे तो बिल्कुल ध्यान से ही निकल गया। कपड़े तो मैंने उसी दिन तैयार कर दिए थे, मैं अभी तुम्हें दे देता हूँ।

प्रणव अपने चारों तरफ उस बूढ़ी अम्मा को ढूँढ रहा था लेकिन वह कही पर भी नजर नही आ रही थी। प्रणव मन ही मन कहाँ गई होगी अम्मा? उस दिन तो वह उसी सामने वाले फुटपाथ के किनारे बैठी थी।

धोबी - बेटा! क्या बात है तुम किसी को ढूँढ रहे हो क्या? (प्रणव को चारों तरफ किसी को ढूँढते हुए देख)

प्रणव - नही अंकल! मैं किसी को नही ढूँढ रहा।

धोबी - अच्छा ठीक है, यह रहे तुम्हारे कपड़े।

प्रणव वहाँ से तो कपड़े लेकर निकल गया लेकिन आगे जाकर फुटपाथ किनारे वह 10-15 मिनट तक उस बूढ़ी अम्मा का इंतजार करता रहा। लेकिन जब आधा घंटा बीत गया तब प्रणव ने वहाँ से चले जाना ही सही समझा। जाते-जाते उसकी नजर दूर से आती एक अम्मा पर पडी, उसे लगा शायद यह वही बूढ़ी अम्मा होगी।

तब प्रणव ने थोड़ी देर और इंतजार किया, जब तक की दूर से आती अम्मा वहाँ फुटपाथ पर नहीं बैठ गई। जैसे ही वह फुटपाथ पर बैठी तब प्रणव ने फिर से उसे देखा तो वह वही बूढ़ी अम्मा थी जो उस दिन प्रणव को मिली थी।

प्रणव - अम्मा! तुम यहाँ फुटपाथ के किनारे क्यों बैठी हो? क्या तुम्हें कोई सहायता चाहिए? (प्रणव उस बूढ़ी अम्मा के पास गया और उनसे पूछा) वो बहुत डरी हुई थी, अम्मा के आँखों मे एक अलग ही डर था। पता नहीं अम्मा किस बात से इतना डरी हुई है?

प्रणव - अम्मा तुम डरो नही, क्या बात है मुझे बताओ। अगर मुझसे हो सकेगा तो मैं तुम्हारी सहायता जरूर करूँगा।

अम्मा - बेटा! मेरा इस दुनिया मे कोई नही है। अभी कुछ दिनों पहले मेरा बेटा और बहू बीमारी से मर गए। और अब इस बुढ़िया के पास कुछ भी नही है। खाने के लिए दो वक्त का खाना नही है। ऐसा भी कोई नही है जो मेरी देखभाल कर सकें।

प्रणव - लेकिन अम्मा! तुम यहाँ फुटपाथ पर क्यों बैठी हो?

क्या तुम राह चलते लोगों से रुपए पैसे मांगती हो?

अम्मा - नही बेटा! मैं चाहे असहाय और लाचार बुढ़िया हूँ, लेकिन मैं कभी किसी से भीख मांग कर अपना पेट नही भरूँगी। मेरा स्वाभिमान मेरे लिए सब कुछ है। मैं तो यहाँ इस कगार मे आती हूँ कि कोई मुझे सरल सी नोकरी दे दे।

जिससे थोड़े पैसे कमा कर मैं अपना दो वक्त का खाना इकट्ठा कर पाऊँ।

प्रणव - मुझे माफ करना अम्मा! मैंने तुम्हारे बारे मे गलत सोचा।

अम्मा - कोई बात नही बेटा! तुम्हारी जगह कोई और होता तो वह भी यही सोचता।

प्रणव - अम्मा! मैं तुम्हारी क्या सहायता कर सकता हूँ? ऐसा क्या करूँ जिससे तुम्हारी सहायता भी हो जाए और तुम स्वाभिमान से अपना पेट भी भर सको।

अम्मा - बेटा! तुम ही बताओ, मैं ऐसा क्या करूँ क्योंकि इस अवस्था मे मैं मजदूरी नही कर पाऊँगी। मुझे सिर्फ कुछ-कुछ काम ही आते हैं। रसोई मे थोड़ा बहुत कुछ बना लेती हूँ।

प्रणव - अच्छा अम्मा! तो तुम यह बताओ तुम खाने में सबसे अच्छा क्या बना लेती हो? ऐसा कुछ जो सरल हो और जिसके लिए सामान इकट्ठा करने मे ज्यादा रुपए ना लगते हो।

अम्मा - ऐसे तो बेटा! मैं चाय बहुत अच्छी बनाती हूँ।

मेरे बेटे और आसपास के लोगों को मेरे हाथ की चाय बहुत पसंद थी।

प्रणव - चलो! यह तो अच्छी बात है। तो अम्मा हम कुछ ऐसा कर सकते हैं जिससे तुम चाय बना कर लोगों को पिला सको, जिससे तुम्हें रोजगार भी मिल जाएगा और तुम दो वक्त का खाना भी खा सकोगी और इसमें ज्यादा खर्चा भी नही होगा।

अम्मा - लेकिन बेटा! चाय बनाने के लिए सारा सामान मैं कहाँ से लाऊँगी?

प्रणव - मैं हूँ ना! मैं तुम्हारी सहायता करूँगा।

अम्मा - लेकिन बेटा! मैं तुमसे सहायता नहीं ले सकती। अगर मैंने तुमसे सहायता ली तो यह तो भीख मांगने जैसा ही हो जाएगा। और मैं किसी से ऐसी कोई सहायता नही लेना चाहती।

प्रणव - अरे अम्मा! मैं कहाँ तुम्हारी ऐसे सहायता करना चाहता हूँ। मैं तुम्हारी जो भी मदद करूँगा तुम बाद मे मुझे वह रुपए लौटा देना। बस एक बार तुम और मैं मिलकर तुम्हारे लिए चाय के ठेले का इंतजाम कर लेते है।

अम्मा - लेकिन बेटा! तुम बाद में मुझसे रुपए ले तो लोगे ना? फिर उस वक्त तुम मना मत करना।

प्रणव - हाँ अम्मा! मैं बाद में सामने से तुमसे वह रुपए ले लूँगा वादा करता हूँ।

अम्मा - अच्छा ठीक है! तो अब यह बताओ कि हमें क्या करना है?

प्रणव – खैर, मुझे खुद को फ़िलहाल नही पता है कि हम क्या करेंगे? हम मिलकर कोई ना कोई तरीका ढूँढ लेंगे, और जल्द ही तुम्हारे लिए चाय का ठेला तैयार कर लेंगे। अम्मा मैं तुमसे कल यही आ कर मिलता हूँ, तब तक तुम अपना ध्यान रखना।

अम्मा - जैसा तुम कहो बेटा! तुम भी अपना ध्यान रखना।

प्रणव सोच मे था कि मैंने अम्मा को कह तो दिया कि मैं तुम्हारी सहायता करूँगा। लेकिन मैं खुद नही जानता कि मैं यह कैसे करूँगा? घर पर अगर पता चला तो शायद मम्मी-पापा मुझसे नाराज हो जाए। वैसे पापा तो नाराज़ नही होंगे लेकिन मम्मी का कुछ कह नही सकते। अब मैं अम्मा की मदद कैसे कर पाऊँगा? क्या करूँगा? प्रणव खुद से बातें करते-करते अपने घर के दरवाजे पर पहुँचा, श्रीमती अय्यर वही खड़ी थी।

श्रीमती - यह क्या खुद से बड़बड़ा रहे हो? पागल हो क्या? किससे बात कर रहे हो?

प्रणव - नही तो मम्मी! मैं तो किसी से बात नही कर रहा, लेकिन आप यहाँ दरवाजे पर क्या कर रही हो? किसी का इंतजार कर रही हो क्या?

श्रीमती - हाँ! वह कबाड़ वाला आने वाला है, उनको आज घर का कबाड़ देना है।

प्रणव - ठीक है मम्मी! मैं अपने कमरे मे जा रहा हूँ, मुझे थोड़ा काम है। क्या आप मेरा नाश्ता मुझे कमरे में दे दोगे?

श्रीमती - जैसे ही कबाड़ी वाला जाएगा, मैं तुम्हें नाश्ता कमरे में दे दूँगी।

कबाड़ी - नमस्ते भाभी जी! बोलिए क्या कबाड़ देना है आपको?

श्रीमती - हाँ! तुम यहीं रुको मैं अभी कबाड़ लेकर आती हूँ। प्रणव मैं आऊँ तब तक तुम यही रुकना।

प्रणव - जल्दी आना! मुझे काम है मम्मी, मुझे देरी हो रही है।

श्रीमती - 5 मिनट में क्या देरी हो जाएगी? आ ही रही हूँ ना, तुम रुको यहीं।

(श्रीमती अय्यर घर का कबाड़ लेकर आती है जैसे-जैसे वह सामान निकालती है उसमें से एक स्टोव निकलता है प्रणव की नजर उस स्टोव पर गिरती है।)

प्रणव - मम्मी! तुम इसे कबाड़ में क्यों दे रही हो?

श्रीमती - यह तो बहुत पुराना है, और अब तो वैसे भी अपने पास गैस का चूल्हा है, इसे रख कर क्या करेंगे?

प्रणव - मम्मी! क्या यह ठीक से काम कर रहा है?

श्रीमती - हाँ! कर तो रहा है, लेकिन थोड़ा मुश्किल से शुरू होता है।

प्रणव - मम्मी! अगर हम इसे कबाड़ में ना दे तो?

श्रीमती - क्यों तुम्हें इससे क्या करना है?

प्रणव - मम्मी वो..

श्रीमती - वो क्या बोलो तुम इस स्टोव का क्या करोगे?

प्रणव - मम्मी! वो मेरे एक दोस्त को चाहिए था, उसको इसकी जरूरत है।

श्रीमती - लेकिन मैं तो तुम्हारे सब दोस्तो को जानती हूँ। तुम्हारा कोई दोस्त ऐसा नही है जो आर्थिक रूप से कमजोर हो।

तुम्हारे सब दोस्त के पास तो अच्छा खासा पैसा है।

प्रणव - हैं मम्मी! तुम नहीं जानती हो उस दोस्त को। मैं बोल रहा हूँ ना की इसकी उसको जरूरत है। प्लीज ना मम्मी यह मुझे दे दो। प्लीज..

श्रीमती - अच्छा ठीक है! तुम यह रख लो, अपने दोस्त को दे देना। लेकिन उससे कह देना कि इसे थोड़ा सही करवा ले, ताकि यह अच्छे से काम कर सके।

प्रणव - हाँ! मैं कह दूँगा, थैंक यू मम्मी। अच्छा तो अभी मैं चलता हूँ।

श्रीमती - अरे! अभी तो आए थे? अभी वापस कहाँ जा रहे हो?

प्रणव - अपने दोस्त को मिलने और इसे सही करवाने। अच्छा मैं जा कर आता हूँ।

श्रीमती - सुनो तो! इतनी भी क्या जल्दी है? मेरी बात तो सुनते जाओ।

प्रणव - माफ़ करना! क्या बोल रहे थे आप?

श्रीमती - तुम कहाँ जाओगे इसे सही करवाने? दुकान तो जानते नहीं हो, और निकल लिए इसको ले कर। पूछा नही, कुछ नही।

प्रणव - मम्मी! आप ही बता दो कहाँ ठीक करवाना है इस स्टोव को?

श्रीमती - तुम महेश अंकल को जानते हो क्या?

प्रणव - वही ना जहाँ हम बहुत बार गए है औऱ जो

कबाड़ के सामान को सही करते हैं।

श्रीमती - हाँ! वही, वहाँ जाकर तुम मेरा नाम लेना। वह सही कर देंगे।

प्रणव - ठीक है मम्मी! अब मैं चलता हूँ।

श्रीमती - ध्यान से जाना औऱ वापिस जल्दी आना।

(प्रणव बहुत खुश था चलो जिसकी सबसे ज्यादा जरूरत थी, उसका इंतजाम तो हो गया। अब तो छोटे-मोटे सामान ही चाहिए। प्रणव ख़ुशी-ख़ुशी वहाँ पहुँचा।)

प्रणव - नमस्ते महेश अंकल।

महेश अंकल - अरे प्रणव बेटा! तुम यहाँ? और आज तुम अकेले ही आए हो?

कुछ काम था?

प्रणव - हाँ! मम्मी ने आपको ये स्टोव देने को कहा है।

ये ठीक से काम नही कर रहा है इसे सही करना है।

महेश अंकल - तुम यहाँ बैठो। मैं अभी देख लेता हूँ की इसे सही करने में कितना वक्त लग जाएगा?

प्रणव - आप देख लीजिए मैं यहीं बैठा हूँ।

प्रणव - अंकल! इसे सही होने में कितना समय लगेगा?

(लगभग 10-15 मिनट बैठने के बाद)

महेश अंकल - बिल्कुल भी नहीं यह लो यह सही हो गया है। अब इसे तुम इसे इस्तेमाल कर सकते हो, यह शुरू होने में वक्त नहीं लगाएगा।

प्रणव - अरे वाह! यह तो बहुत जल्दी ठीक हो गया।

आपका बहुत-बहुत धन्यवाद। कितने रुपए हुए?

महेश अंकल - नहीं! अभी नहीं! मैं श्रीमती अय्यर से बाद में ले लूँगा।

तुम इसे लेकर जाओ।

प्रणव - अच्छा अंकल! अब मैं चलता हूँ।

(आज प्रणव बहुत खुश था उसके चेहरे पर एक अलग ही चमक थी।

वह हँसते-गुनगुनाते हुए अपने घर पहुँचा।)

प्रणव - मम्मी! मम्मी! कहाँ हो तुम? मम्मी..

श्रीमती - क्या हुआ? क्यों आवाज लगा रहे हो?

प्रणव - मम्मी! यह देखो मैं इसे सही करवा लाया हूँ।

श्रीमती - क्या बात है प्रणव! आज तुम बहुत खुश नजर आ रहे हो। कितने दिनों बाद मैंने तुम्हें ऐसे खुश देखा है। आखिर तुम्हारी खुशी की वजह क्या है,

हमें भी बताओ?

प्रणव - ऐसा कुछ नहीं है मम्मी, मैं तो बस ऐसे ही....

श्रीमती - अच्छा ठीक है! मत बताओ। अभी जाओ हाथ-मुँह धोकर आ जाओ तुम्हारे पापा भी आने ही वाले होंगे। फिर साथ में खाना खाते है।

प्रणव - ठीक है मम्मी! मैं फटाफट जा कर आता हूँ।

श्रीमान - क्या बात है श्रीमती जी? क्या बातें चल रही है अपने लाडले से?

श्रीमती - कुछ खास नहीं बस ऐसे ही।

आज आपका लाडला बहुत खुश नजर आ रहा है।

श्रीमान - अच्छा ऐसी क्या बात है जिससे वह इतना खुश है?

कहाँ गया प्रणव? नजर नहीं आ रहा।

श्रीमती - वह अभी-अभी अपने रूम में गया है बस आने ही वाला होगा। तब तक आप भी अपने हाथ-पैर धो लीजिए, मैंने खाना लगा दिया है।

श्रीमान - हाँ! मैं बस अभी आया।

प्रणव – मम्मी! पापा आ गए क्या?

श्रीमती - हाँ! तुम्हारे पापा आ गए हैं, तुम भी आ जाओ खाना ठंडा हो रहा है।

श्रीमान - क्या बात है प्रणव! आज तुम बहुत खुश हो,

हमें भी बताओ आखिर बात क्या है?

प्रणव - नहीं पापा ऐसा कुछ नहीं है, मम्मी तो बस यूँ ही..

श्रीमती - क्या मम्मी तो बस यूँ ही? तुम्हारे चेहरे से साफ-साफ नजर आ रहा है की आज तुम बहुत खुश हो। ऐसा लग रहा है जैसे तुम्हारे हाथ कोई जैकपोट लगा हो।

प्रणव - क्या मम्मी तुम भी। वैसे पापा मुझे थोड़े रुपए चाहिए थे।

श्रीमान - हर महीने तो मैं तुम्हें तुम्हारे खर्चों के रुपए देता हूँ, फिर तुम्हें और रुपए की जरूरत क्यों है? कितने रुपए चाहिए तुम्हें?

प्रणव - पापा वो इस बार के सारे रुपए मुझसे खर्च हो गए है। मुझे ₹500 चाहिए।

श्रीमान - ₹500? तुम्हें इतने रुपए क्यों चाहिए? और जो भी सामान लाना होता है उसके रुपए तो तुम्हारी मम्मी देती है। फिर तुम्हें क्या जरूरत रुपयों की?

श्रीमती - अजी दे दो ना! ये कहाँ आपसे हर रोज़ माँगता है।

श्रीमान - श्रीमती जी! आज आप इसकी तरफ़दारी कर रही हो

बड़े अचरज़ की बात है।

श्रीमान - तुम्हारी मम्मी कह रही हैं इसलिए दे रहा हूँ।

बिना मतलब हर कही खर्च मत करना।

प्रणव - हाँ पापा! मैं आपसे बहुत प्यार करता हूँ मम्मी-पापा।

चलो मैं सोने जा रहा हूँ।

श्रीमान - श्रीमती जी! आख़िर इसके दिमाग़ में चल क्या रहा है?

श्रीमती - मुझे क्या पता आपका लाडला है, आपको पता होना चाहिए।

श्रीमान - चलो! जो भी हो थोड़े दिनों में पता चल ही जाएगा कि आखिर इसके दिमाग में चल क्या रहा है?

चलो श्रीमती जी अब हमें भी सो जाना चाहिए।

********

प्रणव - मम्मी.......मेरा नाश्ता लगा दो मुझे देरी हो रही है।

श्रीमती - ओ हो हो! आज तुम इतना जल्दी तैयार कैसे हो गए? रविवार के दिन तो तुम 10 बजे पहले नहीं उठते हो, और आज तो 9 बजे में तैयार होकर आ गए हो। क्या बात है? इतनी सुबह-सुबह कहाँ जाना हो रहा है?

प्रणव - मेरे दोस्त के यहाँ जा रहा हूँ यह स्टॉव देने।

मम्मी तुम नाश्ता लगा दो ना मुझे देरी हो रही है ।

श्रीमती - अच्छा बाबा! लगा देती हूँ चलो।

श्रीमान - अरे प्रणव बेटा! आज तुम इतनी जल्दी? कहाँ जा रहे हो? कुछ काम है या अपने दोस्त के यहाँ पढ़ने जा रहे हो?

प्रणव - नहीं पापा! मैं मेरे दोस्त के यहाँ यह स्टॉव देने जा रहा हूँ।

प्रणव - मम्मी! मेरा नाश्ता हो गया है अब मैं चलता हूँ दोपहर तक लौट आऊँगा।

श्रीमती - क्यों इतना लेट और कुछ काम है क्या?

प्रणव - नहीं मम्मी! बस दोस्त के यहाँ ही जा रहा हूँ दोपहर तक आ जाऊँगा।

श्रीमती - अच्छा ठीक है ध्यान से जाना।

(प्रणव खुशी-खुशी अम्मा से मिलने निकल गया, वह बहुत खुश था। आज तो अम्मा यह देख कर बहुत खुश होगी और उनका चाय का ठेला बहुत जल्द ही हम लगा लेंगे। फिर वह आराम से चाय बेचकर रुपए इकट्ठा कर पाएगी। अच्छा है। प्रणव फुटपाथ किनारे पहुँच गया था लेकिन अम्मा अभी तक नहीं आई थी। प्रणव वही अम्मा का इंतजार कर रहा था, देर इंतजार करने के बाद प्रणव ने अपनी घड़ी में देखा फिर प्रणव को अम्मा आती हुई नजर आई। वह उत्सुकता से अपनी जगह पर खड़ा हो गया)

प्रणव - अम्मा! देखो मुझे क्या मिला है? अब हमें बस छोटी-मोटी चीजें ही इकठ्ठी करनी पड़ेगी।

अम्मा - यह तो स्टोव है ना? तुम्हें यह कहाँ से मिला? क्या तुम इसे खरीद कर लाए हो? मैं इतनी महंगी चीज नहीं रख सकती।

प्रणव - नहीं! नहीं अम्मा! मैं इसे खरीद कर नहीं लाया हूँ। यह तो मम्मी कबाड़ में दे रही थी, तो मैंने इसे तुम्हारे लिए ले लिया। वैसे भी यह कबाड़ में ही जाता तो अच्छा है ना तुम्हारे काम आ जाए।

अम्मा - लेकिन प्रणव?

प्रणव – लेकिन-वेकिन कुछ नहीं यह तुम्हारे लिए ही है।

अम्मा - स्टॉव तो आ गया बेटा लेकिन बाकी दूसरे सामान कैसे आएंगे?

प्रणव - उसका इंतजाम भी मैंने कर लिया है यह लो 500 रुपये। चाय बनाने के लिए तुम्हें जो भी सामान लगता हो एक बार तुम ले आओ।

अम्मा - 500 रुपये? नही बेटा! मैं तुम्हें वापस कैसे दूँगी?

प्रणव - यह सब बाद की बात है, अभी तुम यह लो और पास ही किराना की दुकान है तुम जाकर सामान ले आओ। मैं तुम्हारा यही इंतजार करता हूँ।

अम्मा - ठीक है बेटा! मैं सामान लेकर अभी आई।

प्रणव वही बैठकर अम्मा का इंतजार कर रहा था। अम्मा को सामान लेकर आने में करीब 1 घंटा बीत गया। फिर धीरे-धीरे अम्मा सामान लेकर प्रणव के पास लौटी।

अम्मा - यह लो मैं चाय बनाने के लिए सारा सामान ले आई हूँ।

प्रणव - चलो बहुत बढ़िया यह तो अच्छा है। लेकिन अम्मा?

अम्मा - क्या हुआ प्रणव?

प्रणव -अम्मा! वो हमें स्टॉव और सामान रखने के लिए एक लारी की जरूरत पड़ेगी। उसका इंतजाम कहाँ से होगा?

अम्मा - उसकी चिंता तुम मत करो प्रणव। मेरे घर पर एक लारी पड़ी है जो मेरा बेटा बाजार में ले जाया करता था। वह मेरे कुछ काम नहीं आ रही थी लेकिन अब वही मेरे काम आएगी।

प्रणव - यह तो बहुत अच्छी बात है लारी का भी इंतजाम हो गया है।

अम्मा! तुम्हारा घर कहाँ है? चलो! हम लारी ले आते हैं।

अम्मा - मेरा घर यहाँ पास में ही है, मैं दिखा देती हूँ।

प्रणव - अम्मा! अब तो सारा इंतजाम हो गया है अब हमें बस इसे रखने के लिए एक जगह ढूँढनी पड़ेगी जहाँ तुम चाय बना सको।

अम्मा - वैसे प्रणव! मेरी नजर में एक जगह है जहाँ हम यह लारी लगा सकते हैं। और वहाँ सभी का आना जाना भी लगा रहता है।

प्रणव – अम्मा! वह कौन सी जगह है?

अम्मा - यही मेरे घर के पास एक महाविद्यालय और बैंक है। अगर वहाँ सड़क के किनारे हम यह लारी लगा सके तो हमारा काम हो जाएगा।

प्रणव - चलो तो वही जाकर हम देख लेते हैं लेकिन उससे पहले हमें इस लारी को साफ कर थोड़ा अच्छा बनाना पड़ेगा। अम्मा

क्या तुम्हारे घर में कोई रंग पड़ा है क्या?

अम्मा - हाँ! शायद एकाद रंग पढ़ा होगा, मुझे देखना पड़ेगा।

प्रणव - ठीक है अम्मा! तुम देखो तब तक मैं यह लारी साफ कर देता हूँ।

अम्मा - प्रणव बेटा! मेरे पास यह दो ही रंग है एक सफेद और एक लाल।

प्रणव - कोई बात नहीं अम्मा हम इसी से काम चला लेंगे। कुछ ही देर में प्रणव ने उस लारी का रुप ही बदल दिया। पहले वह एकदम भंगार लग रही थी लेकिन अब बहुत ही खूबसूरत लग रही थी।

अम्मा - अरे वाह प्रणव बेटा! तुमने तो इस लारी का रंग-रुप ही बदल दिया इतनी सुंदर लारी मैंने आज से पहले नहीं देखी। (लारी को देख)

(सफेद रंग से रंगाई की हुई लारी, लाल रंग की किनोरे, लारी पर बनाई हुई चाय की केटली-गिलास और लारी के बीचों-बीच लाल रंग से लिखा हुआ "अम्मा वाली चाय"।)

प्रणव - चलो अम्मा! अब सब तैयार है अब बस लारी को लगाकर चाय बनाते है।

अम्मा - लेकिन बेटा! पहले हमें उस जगह जाकर देखना

पड़ेगा कि हम लारी कहाँ लगा पाएंगे?

प्रणव - हाँ! वह भी देख लेंगे यहाँ से चलते हैं।

(प्रणव और अम्मा वहाँ उस जगह पर पहुँच गए और आसपास देखा की वह लारी कहाँ लगा सकते हैं? तब अचानक उन्हें एक छोटी सी जगह मिली जहाँ वह लारी लगा सकते थे। प्रणव औऱ अम्मा ने वह जगह साफ की। और भगवान का नाम लेकर लारी लगाई और स्टॉव जलाकर पहली चाय बनाई।)

अम्मा – लो बेटा! चखो चाय कैसी बनी है?

(उसने पहली चाय प्रणव को चखने को बोला।)

प्रणव - अम्मा! चाय तो बहुत ही अच्छी बनी है और इसका स्वाद तो और भी अच्छा है। यह स्वाद हमेशा मुझे याद रहेगा ।

2 घंटे बीत गए, 3 घंटे बीत गए, लेकिन उसकी लारी के यहाँ कोई भी नहीं आया। अम्मा थोड़ी हताश हो गई। तभी प्रणव -

"चाय पी लो चाय - अम्मा वाली चाय

चाय पी लो चाय - अम्मा वाली चाय

एक बार पियोगे - बार बार आओगे

एक बार पी कर जाओ - अम्मा वाली चाय"

थोड़ी देर प्रयास करने के बाद महाविद्यालय से निकालकर 3-4 छात्र वहाँ आए।

प्रणव - बोलो! कितने कप चाय बनाए?

छात्र - चार कप।

प्रणव - अम्मा! चार कप (चेहरे पर मुस्कान के साथ)

अम्मा - अभी देती हूँ बेटा।

(वह चार कप चाय, अम्मा के चेहरे पर एक बड़ी सी मुस्कान छोड़ गए।)

छात्र - वाह मजा आ गया!

तुम्हारी चाय तो बहुत ही अच्छी है इसका स्वाद ही अलग है।

(तभी उन 4 छात्रों ने वहाँ से निकलते अपने दोस्तों को बुला-बुला कर चाय पिलाई। उस दिन लगभग 30-40 कप चाय अम्मा ने बनाई थी।

अम्मा और प्रणव दोनों बहुत खुश नजर आ रहे थे।)

प्रणव - अम्मा! आज के लिए बहुत है

अब तुम्हें घर जाकर थोड़ा आराम करना चाहिए।

अम्मा - हाँ बेटा! वैसे भी दूध खत्म हो गया है।

प्रणव - तो चलो मैं तुम्हें घर छोड़ देता हूँ बाद में मैं अपने घर चला जाऊँगा।

कल मैं तुम्हारे घर आ जाऊँगा और फिर हम लारी लेकर आज के समय

पर ही वहाँ चाय बनाना शुरु कर देंगे।अब तुम चिंता मत करो सब सही हो जाएगा।

अम्मा - यह सब तुम्हारी वजह से ही हो पाया है। भगवान ने तुम्हें मेरे लिए एक फरिश्ता बना कर भेजा है। तुम्हारा बहुत-बहुत धन्यवाद।

प्रणव - कैसी बात कर रही हो तुम अम्मा। यह तो मेरा फर्ज है एक तरफ तुम मुझे अपना बेटा कहती हो और दूसरी तरफ अपने बेटे को धन्यवाद भी करती हो। क्या करती हो तुम भी अम्मा! चलो अभी चलते हैं।

***********

(प्रणव और अम्मा रोज़ 11 बजे वहाँ चाय की लारी लगा देते थे। एक दिन बिता, 4 दिन, 7 दिन लगातार चाय की संख्या बढ़ती जा रही थी अब अम्मा दिन की लगभग 100-150 कप चाय बना लेती थी। और प्रणव रोज की तरह सब को अपनी तरफ खींचने के लिए अपनी पंक्तियां बोलता था।)

"चाय पी लो चाय - अम्मा वाली चाय

चाय पी लो चाय - अम्मा वाली चाय

एक बार पियोगे - बार बार आओगे

एक बार पी कर जाओ - अम्मा वाली चाय"

(लगभग एक सप्ताह बीत गया। प्रणव रोज 11 बजे घर से निकलता और दोपहर में 3-4 बजे घर लौटता था।)

श्रीमती - सच-सच बताओ तुम कहाँ जाते हो? क्या करते हो? पूरा-पूरा दिन घर से बाहर रहते हो आखिर माजरा क्या है? तुम्हारे पापा को कहती हूँ लेकिन वह भी तुम्हें कुछ कहते नहीं है। अब तुम ही बताओ कहाँ जाते हो?

प्रणव - मम्मी! मैं सब कुछ बताऊँगा, एक बार पापा को आ जाने दो।

श्रीमती - लो तुम्हारे पापा भी आ गए।

श्रीमान - क्या हुआ श्रीमती जी? आप दोनों मेरा इंतजार क्यों कर रहे हो?

श्रीमती - खुद ही पूछ लो अपने लाड़ले से। एक सप्ताह हो गया है दिन भर घर से बाहर रहता है। कहाँ जाता है? क्या करता है? आप तो इस पर ध्यान नहीं देते हो लेकिन बहुत हो गया। अब आप इससे पूछो कि यह कहाँ जाता है?

श्रीमान - प्रणव बेटा! तुम्हारी मम्मी क्या कह रही है?

प्रणव - पापा-मम्मी मैं सब बताता हूँ आप यहाँ बैठो। समर भी आने ही वाला होगा उसको आने दो बाद में सबको साथ में बताता हूँ।

(समर के आ जाने के बाद प्रणव ने शुरू से लेकर
अंत तक सारी बातें उन लोगों को बताई।)

समर - यह वही बूढ़ी अम्मा तो नहीं है जिसे हमने धोबी के यहाँ कपड़े देने गए थे तब देखा था।

प्रणव - हाँ समर! यह वही बूढ़ी अम्मा है।

श्रीमती - एक मिनट! तो क्या, वह स्टोव भी तुम अम्मा के लिए लेकर गए थे?

प्रणव - हाँ मम्मी! वह स्टोव और पापा आप से लिए हुए 500 रुपये भी। उन 500 रुपये से अम्मा ने चाय बनाने का ठेला शुरू करने के लिए सारे सामान खरीदें। और हमने एक महाविद्यालय और बैंक के पास लारी लगाई हुई है।

प्रणव - आप लोग भी कल मेरे साथ वहाँ चलना आप सब को भी अम्मा वाली चाय पिलाऊँगा। एक बार चाय पी कर देखना उसका स्वाद

आपको भी बहुत अच्छा लगेगा।

श्रीमती - अजी! हमारा बेटा इतना बड़ा हो गया कि अब वह असहाय लोगों की मदद करता है। वह भी हमारी किसी मदद के बिना,

प्रणव बेटा हमें तुम पर बहुत नाज है।

समर - मुझे माफ करना प्रणव! मैंने अम्मा के बारे में कितना कुछ गलत कहा और तुम्हें भी उनकी सहायता करने के लिए मना किया।

लेकिन तुमने उनकी सहायता की।

श्रीमान - हम लोग कल तुम्हारे साथ जरूर चलेंगे आखिर हम भी तो देखे हमारे बेटे ने लारी को कैसे सजाया है? और वह चाय कैसे बेचता है?

प्रणव - अम्मा आप लोगों से मिलकर बहुत खुश होगी।

चलो तो फिर कल सुबह 10 बजे मिलते हैं।

(अगले दिन सुबह 10 बजे श्रीमान-श्रीमती अय्यर और

समर प्रणव के साथ अम्मा की चाय पीने निकल लिए।)

प्रणव - अम्मा! यह मेरे मम्मी-पापा है और यह मेरा दोस्त समर।

अम्मा - आपका बेटा बहुत अच्छा है, बहुत नेक दिल है। अगर यह मुझे नहीं मिलता तो शायद मैं दो वक्त के खाने के लिए इधर-उधर भटकती फिरती। आज इसने मुझे अपने पैरों पर खड़ा किया है मुझे जीने की वजह दी है। आज मेरी चाय कितने लोग पीते हैं, यहाँ बैठते हैं, बच्चे यहाँ बातें करते हैं, खेलते हैं। मेरा पूरा दिन इनके साथ निकल जाता है मुझे कभी अकेला महसूस नहीं होता है। अगर प्रणव नहीं होता तो बुढ़ापा निकाल पाना मेरे लिए बहुत मुश्किल होता। (अम्मा श्रीमती अय्यर से )

(अम्मा की बातें और उनके चेहरे पर सुकून की मुस्कान देखकर श्रीमान और श्रीमती अय्यर को अपने बेटे पर बहुत नाज हुआ। वह अपने बेटे को गले लगा लिया।)

श्रीमती - बेटा! मुझे माफ करना मैं तुम पर हमेशा गुस्सा करती हूँ। लेकिन आज तुमने साबित कर दिया कि तुम हमारी और

अम्मा की जिंदगी में फरिश्ता बनकर आए हो।

समर - अरे अम्मा! क्या तुम हमें चाय नहीं पिलाओगे?

(वहाँ का वातावरण थोड़ा भावुक हो रहा था उसे थोड़ा शांत करने के लिए)

अम्मा - क्यों नहीं बेटा? आप सब बैठो मैं अभी चाय बना कर लाती हूँ।

समर - वैसे प्रणव तुम बताओगे नहीं तुम लोगों को कैसे अपनी और बुलाते हो?

प्रणव - क्यों नहीं समर? अभी बताता हूँ।

तभी प्रणव ने अपने हाथ में चाय का कप लेकर अपनी पंक्तियाँ बोलना शुरु कर दिया।

"चाय पी लो चाय - अम्मा वाली चाय

चाय पी लो चाय - अम्मा वाली चाय

एक बार पियोगे - बार बार आओगे

एक बार पी कर जाओ - अम्मा वाली चाय"

प्रणव की यह पंक्तियाँ सुनकर सभी हँस स पड़े।

-------------------------